U0402191

李娟 编

史家教育集团
北京知行华夏教育科技有限公司
王欢校长工作室 组编

父母有办法

机械工业出版社
CHINA MACHINE PRESS

本书分别从学习动力、学习习惯、学习能力、情绪管理、亲子沟通、人际交往、身心健康、父母角色等八个方面，围绕中小学生父母在养育孩子过程中的痛点问题，进行实操性的方法解答。书中的 88 个问题都是从父母端征集上来的痛点、难点和焦点问题，方法都是综合应用家庭教育学、教育心理学以及社会学等学科的核心理论知识，结合大量的教育实践案例提炼出来的科学有效的方法。全书以解决实际问题为导向，给家长可用、有效的实操方法，并细化解决问题的方法与步骤，让家长在家庭养育中好学习、好应用。

本书既可以供中小学生家长阅读使用，也可以作为年轻教师的读本。

图书在版编目（CIP）数据

父母有办法 / 李娟编；史家教育集团，北京知行华夏教育科技有限公司，王欢校长工作室组编 . —北京：机械工业出版社，2020.9
ISBN 978-7-111-66588-5

Ⅰ . ①父… Ⅱ . ①李… ②史… ③北… ④王… Ⅲ . ①家庭教育 Ⅳ . ① G78

中国版本图书馆 CIP 数据核字（2020）第 178635 号

机械工业出版社（北京市百万庄大街 22 号　邮政编码 100037）
策划编辑：徐曙宁　　　责任编辑：徐曙宁　张潇杰
封面设计：吕凤英　　　版式设计：Kingzn
责任校对：刘红艳　　　责任印制：孙　炜
北京联兴盛业印刷股份有限公司印刷
2020 年 10 月第 1 版第 1 次印刷
140mm×210mm · 8.625 印张 · 1 插页 · 164 千字
标准书号：ISBN 978-7-111-66588-5
定价：59.80 元

电话服务　　　　　　　网络服务
客服电话：010-88361066　机 工 官 网：www.cmpbook.com
　　　　　010-88379833　机 工 官 博：weibo.com/cmp1952
　　　　　010-68326294　金　书　网：www.golden-book.com
封底无防伪标均为盗版　机工教育服务网：www.cmpedu.com

推荐语
RECOMMENDATION

PARENTS HAVE METHODS

教育是一个家庭对未来最有价值的投资。没有一位家长不希望自己在教育孩子成长、学习上以及家庭亲子关系上顺顺利利。这本书直接聚焦父母困惑、教育难点，有针对性地分析、解决，并给出具体的建议，既遵循孩子的成长规律，也指导读者如何学做好父母，是一本具有可读性、实操性的家庭教育指导用书。本书既可以供父母阅读使用，也可以作为年轻教师的读本，开卷有益。

- 全国优秀班主任
- 北京市特级教师

万平

本书从学习动力、学习习惯、学习能力、情绪管理、亲子沟通、人际交往、身心健康、父母角色等八个方面，围绕父母养育孩子的痛点、难点和焦点问题，进行针对性的解答，非常接地气。书中的每个问题都直抵父母和孩子的心灵深处，是真问题的真解答，是给父母提供育人的"真经"。这本汇集史家教育集团、知行华夏团队和王欢校长工作室集体智慧的力著，将成为史家教育集团攀登立德树人根本任务高峰中的新阶梯。

- 北京教育科学研究院德育研究中心主任
- 北京市学校德育研究会副会长兼秘书长

谢春风

成为妈妈之后,我收获了很多幸福和快乐,也更加理解养育孩子的艰辛和不易。在孩子成长的过程中,父母会遇到各种难题和挑战。这本书针对最典型的家庭教育问题,为父母提供了实用的方法和建议,能帮助父母轻松应对困扰,为孩子的成长保驾护航。

• 女子体操世界冠军
• 演员

刘璇

序

PREFACE

从教 40 年以来，我一直在与孩子和父母进行各种各样的交流，也一直在思考什么是好的教育，并把好的教育理念付诸行动，希望能把我们的孩子培养成他们所能达到的最好的样子。

在我看来，培养孩子最重要的有三个方面。

首先，孩子的身心健康是放在第一位的。健康是人生的第一财富，是教育的基本标准，是教育的底线。没有健康，就没有一切。根据世界卫生组织的标准，健康包括身体上、心理上和社会适应上的完好状态。

现在有一些父母在教育孩子的过程中陷入了唯成绩论的误区，认为学习成绩是衡量孩子的唯一标准，对孩子在学习上施加了很多压力，可是却忽视了培养孩子的身心健康，导致孩子出现焦虑、抑郁等心理问题，结果孩子痛苦，父母也很痛苦。

所以，在培养孩子的过程中，关注孩子的身心健康是第一要义，任何以牺牲孩子健康而取得的成功都称不上是真正的成功。

第二个重要的方面是人格的培养。蔡元培先生说："决定孩子一生的不是学习成绩，而是健全的人格修养。"人格决定一个人的生活态度，甚至决定一个人的命运，是人生能否成功与幸福的根源之一。

如何把孩子培养成具有健全人格的人，考验着我们父母和教育者的智慧。父母的言行举止、品德修养对孩子的人格形成起着重要作用，父母的价值观、世界观、人生观会潜移默化地影响孩子，父母给孩子什么样的榜样和影响，孩子的未来就可能发展成什么样。

孩子是否拥有积极乐观的心态，是否具有抗挫折能力，是否拥有独立思考的勇气和能力，等等，是我们身为父母需要思考的。

第三个重要的方面是社会责任感的培养。"少年强则中国强。"孩子就是祖国未来建设和发展的主力军，承担着中华民族复兴的重要使命。如果孩子具备社会责任感，就能在实现自身价值的同时，为社会做出积极的贡献，促进国家和民族的进步与发展。

培养孩子的社会责任感，就要先培养孩子自我负责的心态和能力，在这个基础上再引导孩子认识和理解社会责任，逐步让孩子树立社会责任意识，最终能够自觉、持续地践行社会责任。

父母担当着培养孩子的重任，但在家庭教育中，也常常会遇到诸多困惑。《父母有办法》就是这样一本专为父母答疑解惑的好书，既有实用的方法和策略，又有科学的理论阐释，让父母既知其然，又知其所以然，从根本上理解孩子，从而更好地引导孩子，助力孩子成长。

我把这本书推荐给大家，希望它能成为为人父母者的常用参考书，在你需要的时候给你带来启发和助益。

史家教育集团校长

前言
FOREWORD

我做教师已经22年了,从一个扎着小辫儿和学生滚在一起的"小李老师",到今天已经能够带领年轻教师前行的"李校长"。在一瞬而过却又漫长的教育生涯中,我的每一天都是和孩子一起度过的。

"李老师,您说这孩子写作业磨蹭拖拉,怎么办?"

"李老师,我的孩子总是丢三落四,可怎么好?"

"李老师,孩子一听说写作文就头疼。"

"李老师,我们家孩子干什么都不专心!"

……

20多年来,我每天不仅要面对学生的各种问题,还要帮助学生父母解决在教育孩子过程中的各种困惑。一对一沟通、微信沟通、电话沟通、主题性家长沙龙……问题、困惑、矛盾、纠结,甚至无奈,我都深切地感受过,也让我久久沉思……记得一位妈妈曾流着泪对我说:"李老师,您说有没有什么神丹妙药啊?"我当时只能拉着她的手陪着她,那时候,我觉得陪她一会儿都是好的。

真的有"神丹妙药"吗?有的时候就有。当我和学生父母沟通后，看到他们充满信心地离开，我就会很欣慰；再看到孩子不同的成长和变化时，内心的喜悦更是无以言表。我想，这就是做教师的幸福吧。

2020年是不平凡的一年，一场全球性的疫情打破了人们的日常生活，更打破了常规教育的模式。当前社会原本就有诸多的教育问题需要应对，随着疫情的来临，长期的居家学习让很多家庭的教育问题更加突显，后续的教育问题也将会层出不穷。

为此，北京史家教育集团、北京知行华夏教育有限公司和王欢校长工作室联合策划，共同创作了本书，以便适时地给父母朋友一些家庭教育建议。这些建议有的具有普遍性，有的具有特殊性，都是从实践工作中提炼总结出来的。我们深刻地认识到，任何问题都不可能靠一两招儿就完全解决，而是需要父母教育观念的转变，确切地说，是提升教育理念。本书中的每一个教育实招儿都有坚实的理论和成功的案例做支撑，各位父母朋友可以根据自己的需要和家庭的实际情况酌情采纳。

梳理过程中，我们发现：其实孩子出现的大多数问题都是父母或者家庭教育带来的。

对于教师而言，我们需要不断地学习，充实自己的文化底蕴，提高自己的专业水平，更新自己的教育理念，才能跟上时代的变化和社会的发展，适应新时代的孩子和父母，用专业和职业的态度有效地教育孩子、帮助父母。

对于父母而言，更是如此。

"家庭是人生的第一个课堂，父母是孩子的第一任老师。孩子们从牙牙学语起就开始接受家教，有什么样的家教，就有什么样的人。"这是习近平总书记在会见第一届全国文明家庭代表时所讲的。家庭教育对于孩子的成长起着极其重大的作用，不同的家庭教育方式直接影响孩子日后的成长。我经常听到父母们一起聊天，夸人家的孩子有多好，贬低自己家的孩子有多不行，还有人直接说孩子："你看人家谁谁多棒！你看看你！"等等。其实听到这些话的时候，我都替孩子们叫屈。如果孩子反驳父母一句："你看人家的爸爸妈妈多棒！"或者说："你怎么不问问人家爸爸妈妈怎么做的？"请问父母该怎么回答？我们是否真正反思过，或许我们不能给孩子高智商的基因，不能给孩子优越的家庭环境，不能给孩子想要的一切，但是我们能给孩子什么？是具有优秀美德的良好家风，还是幸福美好的家庭氛围？抑或是充满积极正能量、一起面对挫折和困难的心态？……中国有句老话，叫"三岁看大，七岁看老"。一个孩子在进入学校之前，他的认知风格、行为习惯、个性特征都已经基本形成了。学校在一定程度上，其实是在对家庭教育的成果进行加工。

所以，父母作为孩子的"第一任老师"，家庭作为孩子成长的第一所"学校"，应该给予孩子什么样的成长环境和教育氛围尤其重要。好的家庭会用自己的言传身教托起孩子的人生。教育学家马卡连柯说过："不要以为只有在教训、命令孩子的时候才是教育，在生活的每时每刻，甚至你们不在场的时候都是教育。"每一个孩子都是父母的影子，父母的一言一行都是孩子模仿的对象。父母积极上进，孩子就热爱学习；父母宽厚善良，孩子就乐于助人；父母自强自律，孩子就意志坚定；父母学而不厌，孩子就挫而不败。好父母从来不靠苦口婆心的说教，而是靠身体力行的言传身教。只有父母以身作则，孩子才能受到潜移默化的影响。

所以，要想把孩子培养好，先学着做好父母。如果把做父母分为五个层次，请各位父母朋友和我一起对照着想一想，自己做到了第几层。

第一层，舍得为孩子花钱；第二层，舍得为孩子花时间；第三层，开始思考教育目标；第四层，为孩子提升和完善自己；第五层，让孩子成为最好的自己。

不难看出，要想做一个好父母，最重要的不是光舍得花钱、花时间，也不是去学习某个学科领域的知识以此帮助和辅导孩子，而是需要掌握一些重要的家庭教育理念，了解正确的教育途径和方法，在提升和完善自己的同时，鼓励孩子成为最好的自己。《父母有办法》就是从一个个具体的家庭教育小问题出发，专门着墨于父母的角色、父母的自我成长，帮助父母自我提升、自我完善，更好地担当起孩子的第一监护人和"第一任老师"的责任。当有一天，父母掌握了这些教育理念，做到了教子有方，那么最棒的老师就是父母，最好的学校就自然而然成了家庭。

在梳理这些教育问题的过程中，我要特别感谢王欢校长对我的引领与帮助，给予了我很大的鼓舞。感谢北京知行华夏教育有限公司的岳秋华、唐海秋、李初曦、师冬平、徐畅、吕蒙、王伊旎和李凤敏老师，他们从家庭教育学、教育心理学以及社会学等专业角度对问题进行解读，并结合多年来大量的教育实践案例，给予父母切实有效的操作方法。本书围绕学习动力、学习习惯、学习能力、情绪管理、亲子沟通、人际交往、身心健康、家长角色等八个方面，聚焦父母最关心的 88 个问题，有效地帮助父母解决养育孩子过程中的痛点和难点。

《父母有办法》这本书能够正式问世，离不开北京史家教育集团、北京知行华夏教育有限公司和王欢校长工作室的共同合作和众多人的努力，希望能真正帮助到那些在家庭教育中有困难、有困惑且愿意学习的父母。目前，北京史家教育集团已经和北京知行华夏教育有限公司一起合作，联合推出了家庭教育线上课程，欢迎各位读者关注"和谐课堂"公众号，并把您的教育困惑和教育经验分享给我们。我们愿意把社会关注的家庭教育问题，通过家、校、社一起携手，寻找到切实可行的解决办法。

谨以此书，献给所有需要的父母，还有和我一样曾经面对家长困惑不知所措的年轻班主任和老师们。

推荐语
序
前言

CHAPTER 01

第一章 学习动力

01. 感觉孩子在应付作业，怎么办？ //002

02. 孩子偏科，怎么办？ //004

03. 孩子总拿班里成绩不如自己的同学比较，怎么办？ //006

04. 孩子总想当网红，不想学习，怎么办？ //007

05. 孩子有网瘾，沉迷游戏，怎么办？ //009

06. 孩子的兴趣总是不长久，怎么办？ //014

07. 父母怎样做能让孩子知道学习是自己的事？ //016

08. 孩子学习没动力，怎么办？ //018

09. 如何给孩子创造成功的机会，让他体验学习的成就感？ //023

10. 孩子学习上有畏难情绪，怎么办？ //028

11. 如何培养孩子的抗挫折能力？ //033

PARENTS
HAVE
METHODS

目录
CONTENTS

CHAPTER 02

第二章　学习习惯

01. 孩子总是丢三落四，怎么办？　//040

02. 孩子粗心，怎么办？　//041

03. 孩子总是拖拖拉拉，怎么办？　//042

04. 如何帮孩子制订科学的学习计划？　//049

05. 制订了一份完美的计划，孩子做不到，

　　 怎么办？　//050

06. 如何让孩子爱上读书？　//052

07. 如何让孩子更有效地预习？　//053

08. 如何教孩子学会总结？　//054

09. 如何培养孩子积极主动的学习习惯？　//056

10. 如何让孩子学会时间管理？　//061

11. 如何让孩子养成良好的作业习惯？　//066

CHAPTER 03

第三章 学习能力

01. 如何培养孩子的专注力？　//074

02. 如何帮助孩子提升记忆力？　//079

03. 如何培养孩子的观察力？　//084

04. 如何培养孩子的语言表达能力？　//089

05. 如何培养孩子的逻辑思维能力？　//090

06. 如何培养孩子的想象力？　//092

07. 如何培养孩子的创造力？　//093

08. 如何用游戏中的方法让孩子学习成瘾？　//095

09. 孩子不会写作文，怎么办？　//100

CHAPTER 04

第四章 情绪管理

01. 孩子脾气急，怎么办？ //104

02. 孩子总是因为小事感到不开心，怎么办？ //105

03. 孩子哭闹要买东西，父母应该满足他的要求吗？ //107

04. 孩子玩儿游戏不能接受失败，怎么办？ //108

05. 如何感知孩子的情绪？ //109

06. 如何正确倾听孩子的情绪？ //115

07. 如何帮助孩子表达情绪？ //119

08. 怎样引导孩子解决情绪问题？ //124

09. 如何处理和控制自己的情绪？ //129

CHAPTER 05

第五章 亲子沟通

01. 为什么讲道理的时候孩子听不进去？ //134
02. 孩子老是顶嘴，怎么办？ //135
03. 孩子遇事不敢跟父母说，怎么办？ //137
04. 批评孩子的这几种误区，你中招了吗？ //139
05. 怎样批评才有效？ //141
06. 跟孩子吵架了，怎么办？ //143
07. 没忍住打了孩子，怎么弥补？ //144
08. 如何跟孩子设定规则？ //146
09. 移动支付时代，如何培养孩子的金钱意识？ //147
10. 四种无效的亲子沟通模式，你中招了吗？ //148
11. 如何让孩子更愿意与父母合作？ //153
12. 发现孩子早恋了，怎么办？ //159

CHAPTER 06

第六章 人际交往

01. 孩子和同学发生矛盾，怎么办？　//166

02. 孩子自私不愿意分享，怎么办？　//167

03. 孩子爱打小报告，怎么办？　//168

04. 孩子见人不打招呼，没礼貌，怎么办？　//169

05. 孩子害羞敏感，很难交到朋友，
   怎么办？　//171

06. 孩子喜欢背后议论人，怎么办？　//172

07. 孩子为什么会"窝里横"？　//174

08. 孩子在家很活泼，出门不太爱讲话，
   怎么办？　//176

09. 二胎家庭中孩子常常打架，父母到底
   要不要管？　//177

10. 怎样培养善于合作的孩子？　//179

11. 怎样培养有领导力的孩子？　//184

CHAPTER 07

第七章 身心健康

01. 怎么吃能让孩子提升免疫力？ //192
02. 孩子挑食，怎么办？ //193
03. 孩子不爱运动，怎么办？ //195
04. 孩子撒谎，怎么办？ //199
05. 孩子说脏话，怎么办？ //200
06. 孩子喜欢攀比，虚荣心强，怎么办？ //202
07. 孩子容易"玻璃心"，怎么办？ //203
08. 孩子骄傲自满，怎么办？ //205
09. 孩子没有主见，怎么办？ //206
10. 孩子不自信，怎么办？ //207
11. 孩子性格内向，是缺点吗？ //213
12. 如何培养孩子坚持不懈的品质？ //218
13. 如何培养孩子的责任心？ //219
14. 如何培养孩子积极乐观的心态？ //221
15. 如何引导孩子认知生命？ //222
16. 如何对孩子进行性教育，教孩子保护好自己的身体？ //224

CHAPTER 08

第八章 父母角色

01. 怎样做不焦虑的父母？ //228

02. 生活被工作和家庭充满，如何寻找自己的空间？ //230

03. 父母吵架被孩子看见，怎么办？ //231

04. 夫妻"育儿观"不一致，分歧矛盾怎么化解？ //233

05. 丈夫缺席情感生活，怎么沟通？ //238

06. 感情不会太差的伴侣什么样？ //239

07. "我都是为了孩子"的捆绑式婚姻，如何提升幸福感？ //241

08. 父母离婚要不要告诉孩子？ //247

09. 如何巧妙地处理隔代教育？ //248

参考文献 //251

很多父母都关心孩子的学习，希望孩子爱上学习，在学习上能自觉主动，并取得好成绩。

当孩子的学习遇到问题的时候，一些父母会想，是不是孩子上课不认真听讲，不好好学习才导致的呢？其实也不尽然。从我们大量的实践和研究结果来看，孩子学习成绩较差、不愿意学习，根本原因并不是因为脑子笨，而是他们的学习动力出现了问题。有些孩子应付作业、害怕学习，遇到挫折就退缩，父母让他好好学习，他却总拿班里成绩不好的来比较；有的情况严重的孩子还会找各种理由不去上学，待在家里玩儿游戏，最终形成严重的网瘾，这是最让父母头疼的事情。

提升孩子学习动力的核心就是"自我价值感"，父母要让孩子建立对自己的正向认知，树立合理有效的目标，最终能够通过自己的成功经历，克服失败带来的恐惧，面对学习有源源不断的动力，能够自主学习。这不仅需要孩子的努力，同样需要父母及时支持和鼓励孩子，给孩子提供良好的家庭环境，这是非常重要的。

我们会结合孩子实际遇到的问题，给予父母切实可行的解决方案。父母在了解孩子行为背后原因的基础上，也可以知道自己要如何做才能真正帮助孩子。让我们共同努力，培养一个自主学习的孩子！

第一章

学习动力

01. 感觉孩子在应付作业，怎么办？

最近，有位朋友说，她发现孩子写作业的方式就是上网查查答案，然后抄在本子上，感觉就像是给别人写的一样。她还说，孩子其实可以把字写得很好看，但是每次作业的书写都让她感到不满意。这位妈妈跟孩子讲了很多道理，试了各种办法，但孩子还是我行我素。最后，妈妈得出结论，孩子就是缺少学习动力，不然也不会总是在应付作业，还不认真书写。孩子听到妈妈这样的评价，根本不以为然，继续按照自己的方式做作业，妈妈也拿她没办法。

其实，我们都知道，学习动力会受到很多因素的影响，其中很重要的就是父母对孩子学习的评价。在刚才的案例中，我们可以看到，这位妈妈直接在沟通中对孩子进行了主观判断和贴标签，其实，这样很容易让孩子感受到不被认可，所以孩子会继续坚持自己的方式，来反抗这些评价。

那么，父母该怎么做呢？

第一，在写作业的过程中，多给孩子正向的评价。在孩子写作业时，父母可以去认可他的积极表现，这是激发孩子学习动力很重要的一步。随着孩子的成长，自尊感会越来越重要，当孩子的点滴进步被父母看到和肯定时，孩子会感受到成就感、价值感等积极的情绪体验，就会继续坚持这样去做。

比如，在刚才的案例中，这位妈妈觉得孩子完全可以写得更好，而直接否定了孩子现在的书写。其实她可以这样说："妈妈看到你写的英语作业字迹清晰，每个字母看起来都比较舒展，继续坚持这些优点，你可以写得更好看。"

第二，保持耐心，引导孩子对作业进行自我肯定。在给孩子提供积极评价的同时，父母也可以引导孩子对自己的作业进行自我肯定，让孩子在写作业这件事上，体验到自己的能力和胜任感。比如，在周末，父母可以跟孩子约定一个时间，一起来回顾一下这一周的作业情况，让孩子选出自己认为做得最好的作业，并说明理由。父母可以根据孩子的表达，鼓励孩子继续坚持在这份作业中做得好的部分。一段时间之后，孩子对作业的胜任感会越来越强，并且越来越相信自己能够做好作业。

第三，发挥父母的榜样作用，承担起学习的责任。父母可以适当地发挥榜样示范的作用。在陪孩子写作业时，父母也可以跟孩子一起学习，比如，看看感兴趣的书籍，学习一个新技能等。作为父母，喜欢和坚持学习是对孩子最好的榜样和鼓励。在有学习氛围的环境中成长，孩子也会对学习有更多的兴趣和动力，主动承担起学习的责任。

02. 孩子偏科，怎么办？

孩子偏科这个事情，是父母经常会遇到的问题，也是最让人头疼的问题之一。有的孩子语文好，但数学差。有的孩子数学好，可就是不愿意学英语。父母怎么说都不管用，给孩子报补习班，效果也是时好时坏，看着成绩是上升了一点，但是一会儿不盯着，成绩就又下去了。

孩子如果从小学就开始出现偏科的现象，父母要重视起来，不能只是觉得"才上小学能看出什么"，"孩子还小，大了就好了"。等到孩子已经坚定地认为"我就是一个偏科的孩子，我的数学就是学不会"的时候，父母再想帮孩子就很难了。那么，要怎么办呢？

首先，保持家校沟通，找到孩子偏科的原因。 不同的孩子，偏科的原因是不一样的。父母要重点和孩子弱势科目的老师坐下来谈一谈，听听老师对孩子偏科的理解。

常见的偏科原因有两种：一种是动力和兴趣丧失，有的孩子从小就不喜欢这个科目，有的孩子是成绩受挫之后就开始破罐破摔，能不学就不学；还有一种就是关系导致的情绪问题，比如孩子不喜欢学科老师，或者和老师发生了矛盾等。

父母可以保持开放的态度和孩子聊一聊这个话题。比如，父母可以这么问孩子："妈妈发现你最近数学成绩下降挺多的,妈妈有点担心,很想协助你改善这种状态,你能跟妈妈说说你的难处吗?"

如果孩子是因为和老师的关系出了问题,父母要具体问题具体分析,做好老师和孩子之间沟通的桥梁,让双方都能够相互理解,解决矛盾。孩子不再和老师对抗之后,自然也就学得进去了。如果是学习动力的问题,我们再来看看下一步。

其次,避免给孩子贴标签,要建立孩子对学习的信心和动力。 我经常听到有的父母会这么说:"老师啊,我这孩子什么都好,就是数学成绩上不去,你说咋办呢?什么办法都试了,这孩子到底有什么问题?"听了这样的评价,孩子内心的感受是:"不管我其他方面做得多好,妈妈都看不到,她就只会盯着我不好的方面,我在妈妈的眼里就是一个有问题的孩子。"这就是父母给孩子贴标签的坏处,看似是在认可孩子,觉得孩子各方面都好,只要数学变好就更好了,实则是让孩子丧失了对自己的认可,丧失了学习的动力。

孩子内心是比较敏感的,他们还没有树立起坚定的自我认知,稍微有点挫折可能就容易放弃。父母要在孩子有进步时及时认可,才会让孩子有动力继续学习。比如,孩子在做数学作业时,比之前快了10分钟,父母千万不要说:"你看你怎么还是这么慢?别人半小时就写完了,只有你还是要1小时,快了10分钟有什么用?"而是要认可孩子:"孩子,你真棒,通过你的努力,数学作业写得越来越轻松了。"

当孩子体验到通过自己的努力,劣势科目也有希望学好的时候,自然也就不存在偏科这回事了。

03. 孩子总拿班里成绩不如自己的同学比较,怎么办?

最近,有一位妈妈找到我说:"老师啊,我家孩子每次考完试,考个 90 分就会沾沾自喜,觉得自己已经考得很好了。我就劝孩子要向更优秀的同学看齐,向多才多艺的同学学习。但是孩子就觉得自己已经比班里很多同学都好了,没必要向别人学习,有很多人连 80 分都考不到呢,自己干吗要考得更高呢?"父母遇到这种情况就会很苦恼。

这种情况下,父母要怎么引导孩子呢?

首先,改变沟通方式,认可孩子的努力。 当孩子总和成绩不如自己的同学做比较、不愿意再去进步或者制订稍高一点的目标时,说明孩子的学习动力出现了问题,动力比较弱。而且,从案例中母子沟通的情况来看,孩子有一种叛逆感,好像故意在和母亲作对一样。

父母需要做的第一步,还是要先和孩子在关系上有一个缓和。不再去表达"孩子你要向某某同学学习,你现在不够好"这样的话,父母可以说:"孩子,你通过努力,现在成绩一直保持得很好,妈妈相信你更努力一点的话,可能会更加优秀!"像这样从正面的角度去认可孩子的话,孩子可能就不会再和父母对抗了。

其次,和孩子制订更远大的目标。 当关系缓和,孩子愿意和父母沟通了之后,父母就要解决孩子学习动力低的问题。缺乏学习动力,实际上就是缺乏目标感和意义感。父母可以和孩子聊一聊他对自己将来的目标和规划，不要局限于成绩、升学这些短期目标，可以带孩子多开阔视野，体验一下不同的生活和职业，也可以给孩子看一些名人传记，让孩子开始萌发远大的志向。孩子可能会说，想要成为一名医生，将来治病救人；想要成为商人，赚很多很多钱；等等。这些都可以，当孩子能够明确自己心中想要去达成的远大目标，心里面就会有意义感，就会想要去努力做得更好了。接下来，父母就可以引导孩子在学习方面继续进步，最终实现他定下的大目标了。

04. 孩子总想当网红，不想学习，怎么办？

最近有位妈妈和我说："老师，我家孩子五年级了，现在经常刷抖音，他对网红、明星很羡慕，希望自己长大以后也能当网红和主播，他说这样既能出名而且挣钱又多又快，我就很发愁，应该如何引导孩子呢？"

其实，从孩子的角度来看，他们会觉得拍视频、做网红、做直播很容易，好像就是随便拍一拍，和别人说说话，就能得到打赏，就能拥有很多粉丝，感觉挣钱很容易，比学习简单多了。这个时候正是父母引导孩子进行生涯教育的好时机。具体该怎么做呢？

第一，可以带孩子深入、客观地了解一下如何做网红。孩子对网红的认知是有限的，只觉得光鲜亮丽，挣钱轻松。父母可以找一些现实的例子，和孩子共同去了解网红拍视频、直播背后的不易。比如，想要做好一个网红，不仅要在相对应的专业上努力，还要能说会道，会表达，而且在遇到"黑粉"否定自己的时候，还要微笑面对，要有良好的情绪调节能力等，整体来说，这并不是一件容易的事情。这样，让孩子对他梦想的职业有一个相对客观的认识，然后，再让他分析分析自己的特点和优势，从而进行综合考虑，再来决定是否要去尝试。

第二，协助孩子尝试实践，进一步进行生涯探索。如果孩子了解完做网红前前后后需要做的事和需要具备的能力，仍然很感兴趣想要尝试的话，父母就可以协助孩子去实践一下。经过第一步的分析，父母要帮助孩子制订对应网红各项能力的短期训练目标。比如，做网红需要练习语言表达能力，父母可以和孩子一起思考如何去训练；做网红需要大量的知识积累，那么除了平日的学习，看看孩子还需要学习哪些知识；做网红需要良好的情绪调节能力，那么在面对别人否定自己的时候，要帮助孩子学习怎么去良好地应对。

第三，生涯探索是终身的，要协助孩子持续探索。如果孩子是认真地想要去做，父母要尊重孩子的意愿，协助孩子去追寻目标。在孩子遇到困难的时候要及时协助，不能嘲笑孩子，这样会打击孩子生涯探索的积极性。如果孩子在实践中发现自己不适合做网红，父母要及时认可孩子的勇于探索，肯定孩子对自己和未来的发展方向都有了更多的认识，鼓励孩子继续探索。

05. 孩子有网瘾，沉迷游戏，怎么办？

孩子沉迷电子产品可能是许多父母都会遇到的头疼问题，也是我们辅导"00后""10后"孩子的过程中最常出现的问题。父母看着孩子抱着平板电脑玩儿游戏，拿着手机刷抖音，既害怕孩子眼睛近视，又怕他沉迷这些东西而影响学习。

如果父母一味限制孩子，孩子只会转移到父母看不到的地方偷偷玩儿，限制多了，孩子容易产生对抗心理，玩儿得更厉害，而且亲子关系也会受到影响。

为什么孩子会沉迷于电子产品呢？主要是以下三个原因。

第一，孩子可能在学习或者生活中遇到了挫折，所以开始在电子产品的娱乐中寻找成就感。

给大家举一个例子。前段时间，有一个妈妈和我说，她家儿子六年级，最近写作业总是写到半夜都不睡觉，作业也不是很多，但是孩子总是拖延。

看着孩子天天这么晚休息，妈妈也很心疼。我问这个妈妈："孩子在学习上是不是遇到困难了？"这个妈妈就说："孩子的数学成绩一直都不太好，上六年级之后更差了，一遇到不会的数学题，就空着不写。"

而且妈妈还发现，孩子一遇到不会的题就跑去玩儿手机游戏去了。有一次孩子正在玩儿的时候，被妈妈抓了个正着，妈妈就把手机给没收了。没想到没收之后，孩子就开始拖延写作业，现在拖到半夜都不睡觉。

我就问妈妈："孩子数学题不会做，一般谁会辅导他呢？"妈妈就说："之前是他爸爸辅导他，但是他爸爸的脾气不太好，一辅导孩子就生气，吼孩子。有时候还抱怨孩子写不完作业，关系闹得很僵。"现在孩子还是会偷偷玩儿手机游戏，成绩也一直没有提高。

这个孩子就是在学习上遭受了挫折和失败，没体验到学习带来的成就感，转而去游戏中找寻"游戏胜利"的成就感。通过不断地玩儿手机游戏，孩子能够从游戏中持续地获得成就感，来缓解学习受挫带来的沮丧感。

当孩子在学习上遇到困难的时候，一般会向父母求助，这时候父母给孩子的回应非常重要。当孩子不向父母求助，而是出现一些不恰当的行为，一般可能是亲子关系出现了一些问题。像案例中的孩子，当自己的数学遇到困难的时候，父亲的回应是生气，批评孩子，对孩子表示失望，这样会让孩子压力更大。

父母对孩子的评价是很重要的，会极大地影响孩子对自己的评价，父母的否定越多，孩子就越自卑，就越想逃避困难，转而通过玩儿手机、玩儿平板电脑快速获得成就感，在虚拟的网络世界中寻找成就感，替代现实世界中的挫败感。

第二，电子产品本身的特性，会让孩子沉迷其中。大家换个角度想一想，游戏和某些软件的设计者，他们的工作就是挖空心思去揣摩怎么让人上瘾，不停地玩儿下去，从而来增加用户黏性，大人都很难抗拒，何况孩子呢？

比如，游戏中的规则相对于现实世界更少，要求也更低，玩儿起来没压力；而且现实中很多不被允许的行为，在游戏中是可以的，这也是很大的诱惑。还有一些手机软件，一直推送孩子喜欢的内容，让孩子不用动脑子就能得到开心的感觉。孩子自控力远远不如大人，大人都爱不释手，孩子更难停下来。

第三，人人都拿着手机的环境，影响了孩子。孩子分不清楚眼前利益和长远利益，所以在面临两难选择的时候常常会看其他人的行为，然后去学习和模仿。如果他的朋友、父母都玩儿的话，他也一定会去模仿。

我们之前就遇到过一个妈妈带着孩子来咨询。她一上来就和我抱怨："老师啊，我家孩子不知道为啥特别爱玩儿手机，作业老是写不完，我都在群里被老师点名批评了。怎么说都没有用，怎么办啊？"

话音刚落，孩子立刻反驳："你不是也天天玩儿吗？你玩儿电脑，我玩儿手机，这很公平！"这位妈妈就说："你的任务是学习，不是玩儿手机。妈妈是在电脑上工作。"孩子特别不服气，说："上次我还看到你在看电视剧，你骗人！"

这个孩子就是在模仿和学习妈妈，而且随着孩子年龄的增长，叛逆、讨价还价的行为会越来越多。如果父母能选择克服困难，积极应对挑战，抵抗诱惑，那么孩子自然也会受到父母的影响。

举个例子，我们辅导过一个六年级的男孩。当时爸爸带孩子找到我们求助。这个爸爸平日里工作很繁忙，没有很多时间陪孩子。孩子上六年级以后，学习成绩开始下降，每天抱着手机不放，戴个耳机，摇头晃脑的，父母看着很着急。

后来我就和孩子沟通，说我们有两天的冬令营，可以一起来玩儿，爸爸也会参与，邀请孩子来参加。这个孩子虽然沉迷手机，但很认可爸爸，所以他就和爸爸一起参加了冬令营。

冬令营里有一个环节，我邀请每一位父母朋友和孩子分别分享一个故事，说说自己遇到困难的时候，是怎么通过意志力获得成功的。

这时候，这位爸爸就先举手要分享。他说："我从年轻的时候，就开始创业了，不到一年就失败了，把钱基本都赔光了，当时特别颓废，整天出去和朋友喝酒解闷，晚上在网吧彻夜打游戏。当时一点都不想再工作了，就觉得生活没有希望了，感觉自己创业一年的时间全都白费了。我爱人对我意见很大，那时候，我们的儿子刚出生没多久，主要是我爱人在带。"

"记得有一次回到家，我就看到儿子对我笑，我也就不自觉地笑了。不知道怎么就找到一股力量，我觉得我必须要从头再来，就算我自己受苦，也不能让我的爱人和儿子受苦。后来我就重新开始创业，每天起早贪黑地干，特别辛苦，现在总算是干得还不错。"后来这位爸爸又说了一些自己当时艰苦奋斗的细节，大家都听得很入迷。他的儿子也摘下了耳机，听他爸爸讲。

中间休息的时候，这个孩子跑过来和我说："老师，我也想像我爸爸一样优秀，我该怎么做？你教教我吧！"看到孩子的内在动力被激发出来了，我特别开心，详细地和孩子制订了之后的学习计划。后来在冬令营里，这个孩子都特别积极。经过我们几次辅导之后，孩子能够逐渐放下手机，专心学习，以优异的成绩考上了很好的中学。

案例中的这个孩子为什么有这么大的转变呢？首先，他从爸爸的故事里感受到了和爸爸之间情感的连接，知道了自己在爸爸心目中的重要性。其次，孩子也看到了爸爸在面临失败、面对诱惑时的正向选择，决定要追随爸爸的脚步，努力达成自己的目标。我们通过这样一种巧妙的方式让孩子获得内在动力，并逐渐不再沉迷手机。

那么，父母遇到自己孩子沉迷手机时，怎么办呢？

第一，反思自己和孩子的亲子关系，不太好的话，要重建关系。当孩子出现沉迷电子产品的问题时，父母首先要审视自己和孩子之间的关系。因为不管电子产品怎么吸引孩子，怎么让他体验到成就感和满足感，它毕竟始终是虚拟的世界，相比于真实的世界，那一定是一个备选。我们在遇到困难和负面情绪时，最好的解决办法是向信任的人表达出来并被对方理解，孩子都是有这种天性的，父母是他们的天和地。如果孩子不愿意求助父母，而是跑向虚拟世界了，那很可能就是亲子关系出了问题。

只有父母重新去关心孩子，理解孩子，去了解孩子的困难并很好地协助他，才是问题解决的开端，也是一切良好亲子关系的基础。

第二，自己也尽量少玩儿手机，为孩子做好榜样。父母就是孩子模仿的对象。父母在遇到失败、挫折的时候，选择勇敢面对，对孩子的激励是很强的。如果父母自己都放不下手机，却要求孩子能够克服诱惑，有自控力，努力学习，那是不太可能的。

小学阶段是孩子习惯养成的关键阶段，父母平时的行为习惯会被孩子模仿，对孩子的行为有巨大的影响。

第三，和孩子商量制订电子产品使用规则，合理规划放松和学习的时间。电子产品不是洪水猛兽，恰当使用，还能帮助孩子更好地学习，所以，最关键的是父母要和孩子制订好规则，合理规划放松和学习的时间。

首先，规则的设定要建立在互相尊重的基础上。所有成员共同商讨，并共同遵守。也就是说，这个规则不能只是父母拿来约束孩子的。其次，遵守和破坏规则相对应的奖励和惩罚也要提前说定，双方都同意之后才可以实施。

当然在实施过程中，孩子由于自控力不足可能会有突破规则的行为。比如说，约定每天晚上 7 点到 8 点玩儿游戏，但是时间到了，孩子的游戏还没结束，不愿意放下手机，那么可以和孩子商量一下类似这样的情况该怎么解决，跟孩子达成一致后就可以在规则中增加附加条款。

06. 孩子的兴趣总是不长久，怎么办？

最近接到一位妈妈咨询，说他们家孩子开始对书法很感兴趣，练了三个月后却不想练了，她说：" 真不知道为啥孩子只有三分钟热度，她自己选的兴趣班，自己都坚持不了几天！"

其实，找到兴趣只是开始，培养兴趣才是关键。很多人误以为，只要找到了兴趣，我们就会一直兴致勃勃地坚持下去，遇到困难也能轻松应对。其实不是的，兴趣只是一粒种子，即使在感兴趣的领域，我们也会经常遇到困难、感到疲倦，需要付出不懈的努力，才能让兴趣的种子生根发芽，长成大树。

就像上文那位妈妈的问题，孩子并不是三分钟热度，而可能是在学习过程中，遇到了困难，这时候，父母要帮助孩子克服困难，这样才能保持并发展他对书法的兴趣。

那么，父母可以怎么做呢？

首先，倾听并理解孩子的困难，给孩子支持和帮助。比如孩子因为总写不好新学的笔法而烦恼，父母可以这样说："妈妈理解你的心情，要是我，我也会很烦恼。你一直对书法很感兴趣，老师经常夸你写得好。这样吧，明天我们让老师单独指点一下，再加上练习，妈妈相信你一定能写好。"妈妈这样说既理解了孩子，又给了孩子具体的办法。

其次，让孩子在书法方面体验到成就感，慢慢加深对书法的兴趣。比如及时反馈孩子的进步，可以这样说："妈妈感觉你最近进步很大，写得更加平稳流畅了。"我还听过一个智慧妈妈的做法，她每年过年都让孩子给家里写春联，孩子非常自豪，也会更加努力地练习，一年比一年写得好。

总之，培养兴趣比找到兴趣更重要。当孩子在自己感兴趣的事情上遇到困难时，父母要理解并帮助孩子，让孩子不断获得成就感，这样才能培养和发展孩子的兴趣。

07. 父母怎样做能让孩子知道学习是自己的事？

经常听朋友抱怨，说孩子不爱学习，每次写作业都得妈妈坐在旁边陪着，有的孩子甚至需要父母好好哄着才能完成作业。有些父母就很困惑，学习不是自己的事吗？孩子怎么就不知道呢？

学习本来是自己的事，为什么很多孩子好像在为父母学习一样？如何才能让孩子意识到学习是自己的事情，变得主动学习呢？

第一，避免过度关注或者参与孩子的学习。父母的过度关注和参与，是孩子丧失学习主动性的重要原因。很多父母非常关注孩子的学习，甚至到了焦虑的地步，下班第一件事就是催促孩子写作业，慢两分钟就大喊："还不赶紧给我去学习！"平时考试成绩下来，爸妈最关心分数，要是进步了什么都好说，但凡比上次考得差，父母就会非常焦虑，质问孩子为什么成绩倒退了。我还见过一位妈妈，她怕孩子上网课不认真，就跟孩子一起上，替孩子记笔记，老师留的作业，她都亲手抄下来让孩子做。

这些父母过度参与孩子的学习，表面上看是为了让孩子更好地学习，其实这会让孩子觉得，我是在为父母学习。而妈妈替孩子记笔记，更是让学习变成了妈妈的事，而不是孩子的事，这样时间长了，孩子为自己学习的主动性也就丧失了。

所以，想让孩子主动学习，父母要学会适度参与，不要过度关注。比如，让孩子独立完成作业，只有孩子求助的时候，父母才去指导；接纳孩子偶尔拖延，让孩子独自承担自然后果，比如因为拖延没有完成作业，那么他就要接受老师的批评，这样他就知道要完成作业。

第二，物质奖励要谨慎。很多父母喜欢用物质奖励来鼓励孩子学习，这种做法没有问题，但是要注意，不能过度依赖物质奖励。我见过一个家庭，为了让孩子好好学习，父母跟孩子约定，只要能考到多少分，就给孩子买一个非常昂贵的礼物，每次考试都如此，结果到后来，爸妈不买礼物，孩子就不学了，而且要的礼物也越来越贵。像这样，父母过度依赖物质奖励，让学习成了孩子向爸妈索要礼物的工具，本质上还是破坏了孩子为自己学习的主动性。

其实，给孩子物质奖励的时候，父母不要跟孩子提前约定，这样会让孩子为了那个奖励去学习。可以在成绩出来后，作为惊喜送给孩子，这样，奖励才能起到强化的作用。其次，奖励也不要过于贵重，以孩子的需要和爱好为主。

08. 孩子学习没动力，怎么办？

大家都知道，发动机是汽车的核心，就像是汽车的心脏。学习动力是孩子学习力量的源泉，就像汽车的发动机、手机的电池一样，没有动力或动力不足，不但会影响孩子的学习状态，还会影响孩子的生活状态以及成长成才的状态。

生活中，我们经常能看见，有的孩子已经明显不想学了，但父母却一直忙着报补习班、买学习资料，对于这样的情况，孩子的成绩肯定是很难提高的。这就像发动机已经出故障了，但很多父母朋友却只顾着一个劲儿地给车加油，清洗门窗，抛光打蜡。

下面，让我们一起来了解一下学习动力到底是怎么一回事。

学习动力，是孩子能够激发和维持学习状态的推动力，包含两个部分的动力，一个是内在动力，另一个是外在动力。内在动力是孩子自发的一种对学习的愿望，为了满足他们自己而去学习。比如，孩子对数学感兴趣，他觉得学习数学知识很开心，或者解开数学难题时很有满足感，从而更努力地学习，这就是内在动力。外在动力指学习的目的不是学习本身，而是为了得到表扬，或者避免惩罚。有些孩子的学习目的就是不辜负父母的期望，不想让父母不开心等，这些就是外在动力。

父母可能会发现,孩子在小的时候,会很依赖外在动力。比如孩子在学走路的时候,父母都会鼓励孩子:"宝宝真棒,宝宝走得真好!"而且很奏效。但是随着孩子越来越大,尤其是上小学之后,父母给予的外在动力对孩子的影响越来越弱,甚至有时候还会起反作用。父母可能会觉得孩子越大越难管了,之前的招儿好像都不管用了。这是因为,孩子的内部发动机在发展了,而且开始占了上风。

所以,接下来我们和大家一起来了解孩子学习动力的运作机制,学习如何激发孩子的内在动力,让孩子能够自发、自主地快乐学习。

首先,我们先来思考一个问题,孩子的学习动力是越高越好吗?相信很多父母朋友和我一样,第一反应是"当然了,动力越强不是跑得越快吗?"其实不是这样的。心理学有研究发现,学习动力和学习效果之间的关系是"倒U型"的关系(见图1)。

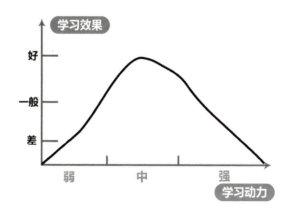

图1 学习动力和学习效果之间的关系

也就是说,学习动力过高或者过低对学习都是不好的,只有在适中的程度才最有利于学习。

一方面，有些孩子学习动力太强了，以致急于求成，就容易产生焦虑、紧张的情绪，反而会让学习效果大打折扣。还有一些孩子特别担心达不到父母的要求，害怕被惩罚、被否定，难以接受失败给他们带来的打击，而父母的惩罚带来的压力更让他们喘不过气来。这样状态下的孩子普遍有考前焦虑，没有办法专心学习，考试的时候很容易发挥失常，这就是外在动力过大的情况，这对学习成绩显然是不利的。

另一方面，对于学习动力低的孩子，他们缺乏自己真正想要的目标，无法从学习中获得乐趣和成就感，从而抵触学习，甚至厌学、辍学。

所以，父母要学会激发孩子的学习动力，并且维持在适中的水平，这样才能让孩子能够自发、自主地快乐学习。

学习动力很重要，那么解决学习动力的问题，会给孩子带来什么积极的变化呢？

给大家分享一个案例。在几年前，我们接到过一个山东省的案例，这个孩子非常聪明，上初中的时候成绩都还可以，但是高一的时候因为父母总是吵架，孩子成绩开始下降，和父母闹矛盾，不愿意去学校上学。父母找到我们之后，我们就着手对他进行提升内动力的训练和辅导，帮助他重新树立目标和信心，同时对他的家庭环境进行指导和塑造，效果非常突出。

原来这个孩子根本就不想学习，经过我们的辅导，孩子有了新的目标（当时定了考取北京大学的目标），内动力有了明显提升，人变得积极主动，开始主动寻找资源来达成他的目标，这时，我们和父母开始退居二线，他是掌舵者，父母来协助他达成他的目标。最后，他通过自己的努力达成了他的目标，不但考上了北大，还是当年的山东省理科状元。

各位父母朋友，想培养优秀卓越的孩子，就一定要激发孩子的内动力，让他能够自主学习，而不是我们在前边拽着他走，那样做的效率是极低的。

那么，到底该怎么提升孩子的内在动力，让孩子能自主学习呢？

这个答案简单说就是提升孩子的"高自尊感"，让孩子知道自己很重要，在学习中获得正向反馈，体验到"成就感"。父母可以从两个方面来做。

先来看第一方面，**父母要帮助孩子认为自己重要，并能获得核心人际关系团队的尊重**。也就是说，孩子认为自己很重要，在父母、老师和同学那里也能感受到自己的重要性，并获得尊重。

前段时间，我接待了一对父母的咨询。他们的孩子是男孩，现在上小学四年级，学习成绩比之前下降很多，他们非常焦虑，不知道怎么办。妈妈说："我这个孩子总是跟同学处不好关系，好像老是被边缘化，老师也不喜欢他。"爸爸说："他也想跟同学们玩儿，但有时候总是下手没轻没重的。前段时间还把人家孩子的胳膊弄脱臼了。我刚去学校给他处理完这事。"

我问这对父母："孩子发生这些事，你们是怎么做的？"孩子妈妈说："他爸就会打他，我想着不能老是打孩子，就想跟他讲道理，但是现在讲道理也听不进去了。"爸爸说："每次都是他妈护着，孩子这样，都是他妈惯的，我觉得就不能这么教育孩子。"说着说着，父母两人就吵了起来。

案例中的孩子在学校里被同学排斥，在家里又被父亲打骂，不管是家里还是学校给他的反馈都是负面的，这些给不了孩子需要的尊重感，反而会让孩子形成消极的自我评价——"我不够好，所以大家才不喜欢我"。有了这样的标签，孩子的行为模式也会不自觉地朝着这个标签前进。人都不好了，自然就没有了心思学习，学习成绩一落千丈也就不足为奇了。

由此可见，让孩子感受到尊重和归属感是非常重要的，一个不被父母和群体认可的孩子是不会有动力去学习的。

另一方面，帮助孩子在学习过程中获得积极的情绪体验，也就是帮助孩子获得学习的正向反馈，体验到学习带来的成就感，这样孩子才有动力去学习，才有信心去学习。这就要求孩子有清晰的学习目标和具体的行动路径。

刚开始，父母要帮助孩子建立目标感，并且将大目标拆分成具体的可实现的小目标。通过完成一个又一个小目标，孩子就能体验到成功的喜悦。要知道，持续的积极情绪才会让人们乐此不疲地继续做一件事，而这个过程也是培养孩子自信心的过程。

如果学习在孩子眼中是一件不可能成功且充满了焦虑、恐惧的事情的话，那么孩子一定是没有动力去做。很多孩子休学在家，就是因为内心已经失去了对学习的信心，认为学习是一件不可能成功的事。

最后，父母还需要注意，不光是学习成绩差的学生会出现学习动力问题，学习成绩优秀的学生也容易出现情绪和动力问题。当孩子有畏难情绪或者考前焦虑的时候，一定要理解和接纳孩子的情绪波动，并及时正向引导孩子，保持孩子对学习的信心和积极的情绪状态。通过这样的方法，让孩子的童年不仅有努力学习，还有幸福快乐，为将来的人生打下坚实的基础。

09. 如何给孩子创造成功的机会，让他体验学习的成就感？

著名的积极心理学家马丁·塞利格曼曾经说过这样一句话：没有任何有效的方法，可以不先教孩子"表现良好"，而直接教孩子"感觉良好"的。也就是说，没有表现良好，孩子就不可能有感觉良好。父母要想让孩子体验到成就感，就先要给孩子表现良好的机会，让孩子在过程当中感觉到"我真的能行"，也就是要让孩子有成功的体验。

先给大家讲一个案例。之前我们接待了一个妈妈，她带着孩子来到咨询室，孩子是一个小学三年级男孩。妈妈一进来就说："老师呀，我家的孩子注意力特别不集中，作业写得慢，学习没什么动力，班主任都和我说了好多次了，我实在是不知道怎么办了。"孩子这时候推了妈妈两下，特别不好意思地看了看我。我就问孩子："孩子，你能说说你有什么优点吗？"孩子摇摇头看向妈妈。经过不断启发，最后孩子说出了自己的八个优点，比如玩儿游戏很厉害、乐于助人、有爱心、爱画画等等。孩子说完自己的优点之后，整个状态都不一样了，刚进来的时候还耷拉着小脑袋，现在腰杆逐渐就挺直了。

这时候，我对孩子说："咱们来玩儿一个游戏好不好？"孩子特别高兴地答应了。我设定了一个九宫格，每个九宫格里都排了不同的小动物，小猫、老虎、鲸鱼、大象等，一共九个小动物。我当时就跟孩子说了一遍,孩子就完全记住然后背了出来。这个时候,我就夸奖孩子:"孩子你太棒了呀,一遍就把所有的小动物都记住了,而且没有一个错的。你的注意力非常集中,记忆力也很不错!"孩子特别开心,说:"我们还有别的游戏吗?我还想玩儿!"

各位看到这里,有什么发现?有的读者会发现:

(1)孩子状态发生变化了。

(2)孩子注意力集中度发生变化了。

(3)孩子主动性发生变化了。

为什么会发生这样的变化呢?其实,这里用的就是积极心理学的干预方法——先表现良好,才有感觉良好。

具体的做法就是:先通过讨论孩子的优点,提升了孩子的自我价值感;然后,通过玩儿认知游戏,帮孩子体验到成功;最后,让孩子产生"我能行"的感觉。接下来,父母需要帮助孩子把这种"我能行"的感觉迁移到学习、生活的各个方面,从而形成一种正向循环,成功经验越多,孩子越会有力量追求下一个成功。

这里,父母要记住的是:当孩子出现问题的时候,父母可以改变看待问题的视角。多数情况下,孩子出现问题,父母都是很焦虑的。但是他们往往只会关注孩子出现的问题,眼里只看到孩子没有达到父母的期待,有时候还会担心问题变得越来越糟糕,如果不管教,父母就没尽到应尽的责任,等等。我们希望父母不要只是去关注问题,如果只是指出问题,孩子其实并不知道要如何解决问题,而且他们只会感受到不被父母认可,会觉得"爸爸妈妈觉得我是有问题的,他们都对我失望了",从而他们也会对自己失望,不认可自己,严重的还会拒绝沟通,甚至开始叛逆,出现更多的问题行为。

所以，父母要先从关注优势、建立认可开始，不能只盯着孩子没做到的地方，而要去关注孩子的进步，这样才有可能解决孩子的问题。

再给大家举一个例子。两个小朋友，他们都考了 90 分，回到家里，第一个小朋友的妈妈说："你怎么才考了 90 分？剩下 10 分扣哪里了？"第二个小朋友的妈妈说："哇，你真棒啊，已经考到 90 分了，比上次有进步，继续努力啊！"

大家觉得，对于同样的结果，哪个孩子感受到的会是成功的体验？对，当然是第二个孩子。

在小学阶段，孩子的自我认识还不成熟，他们都是通过父母、老师对他们的反应来判断自己的，这也是他们形成自我认识的基础和根本。当父母看到孩子的进步，去认可和鼓励孩子，他们就能感受到成功的体验。

因此，想让孩子体验到这种成就感，父母首先要注意两点：首先，要关注孩子的优势，让孩子感受到被父母认可，这样才能帮助孩子开始认可自己，打开内动力。其次，在过程中也要关注孩子的进步，给予孩子过程反馈，帮助孩子感受到更多的成功体验，进一步强化内动力。

在此基础上，父母应该具体怎么做来为孩子创造学习的成就体验呢？

父母可以对孩子的情况进行具体分析，并帮孩子树立目标，然后对目标进行分解，让孩子逐渐感受到自己是可以做到的，培养"我能行"的感觉，从而提升并维持他们的内在动力。

前段时间，朋友带着孩子来公司找我，我请他们去一家北京特色的饭店吃饭，饭店很近，我提议大家一起走路过去。走了一段儿，孩子按捺不住了，问："我们还有多久才到呀？我好累呀。"孩子妈妈就说:"才走一会儿你就累了?快到了。"孩子有点不太愿意走,我跟孩子说:"我们走到前边那个银行就快到了。"孩子立马有了精神,开始朝着银行前进。

等到了银行的时候,他又问:"到银行了,饭店在哪儿呀?"我说:"孩子你太棒了,拐弯到前边的酒店你就能看到那家饭店了。"孩子一看酒店也不远,就继续往前走。到了酒店之后,我就说:"继续加油,饭店就在前边了!"我给孩子指了指饭店的方向,隐隐约约能看到红色的牌子,孩子看到饭店之后兴奋地跑过去,不等我们这些大人了。这时候,朋友说:"你这方法真神奇啊,我这孩子平时都不愿意走路,今天竟然自己走得这么起劲儿。"

这就是分解目标的力量。本来去饭店这个目标对孩子来说是很远的,可能孩子会觉得自己走不到目的地,或者会觉得很累,坚持不了。但是我通过把目标分解成银行、酒店、饭店,而且在孩子每到达一个目标的时候给孩子鼓励和认可,孩子就会一遍遍确认"我能行",体验到成功的成就感,达成一个个小目标,最终完成大目标。

所以,当父母帮孩子在学习上定下了一个长远的目标之后,一定要帮孩子把目标分解成一个个小目标。这些小目标其实就是孩子的短期目标,都是孩子当下能够去做的事情。

父母帮孩子确定短期目标的标准有下面两条。

首先,短期目标一定是孩子通过努力就能达到的目标。教育心理学有个非常著名的理论叫作"最近发展区",是由心理学家维果斯基提出的,他认为孩子的发展有两种水平:一种是孩子的现有水平,就是他们独立活动时所能达到的水平;另一种是孩子可能的发展水平,也就是通过他人的帮助,所能达到的水平。两者之间的过渡状态就是

"最近发展区"。父母帮孩子设定的短期目标一定要在这个"最近发展区"里。也就是说,父母要考虑孩子的年龄以及实际情况来设定目标。

例如,一年级的孩子写作业注意力不集中,那么父母如果把孩子的短期目标定为"集中注意力 1 小时",这对孩子来说一定是不现实的。因为在一般情况下,这个年龄段的孩子集中注意力的时长为 15~20 分钟。所以,短期目标定为"今晚写作业时,集中注意力 10 分钟"可能是比较合适的。父母可以和孩子约定之后,设置个闹钟,父母也不要盯着,自己在旁边看本书陪着就可以。当孩子能够集中注意力时就说:"孩子真棒,已经 5 分钟了,比平时进步好多呀。"当孩子有点儿小偷懒的时候,可以说:"孩子,妈妈知道你有点儿想出去玩儿,但是目标已经快达成了,还有 2 分钟,你要加油!"

用这样的方法,如果孩子做得很好,就可以把目标要求逐渐提高,变成 15 分钟、20 分钟等。如果对孩子来说 10 分钟有些困难,也可以把目标要求再降低一点,直到孩子通过努力能达到的程度。

其次,短期目标要有明确、具体的指标。比如,一个四年级孩子的英语成绩需要提升,如果把目标只是设定为"提升孩子的词汇量",这样的目标就是很模糊的、不具体的。孩子会很迷茫,不知道自己要怎么做才能达成目标。如果父母能够给孩子一个具体的数字参考,例如,"每天背诵 15 个单词并能讲一个英文故事",这样的目标就是合适的目标。不仅要让孩子知道接下来做什么?而且还要让孩子看得见、够得着这个目标。

总之,如果想让孩子持续地体验到成功带来的成就感:首先,父母要改变看问题的视角,关注孩子的优势和进步,让孩子感受到被父母认可,帮助他建立起更高的自尊感、自我价值感,创造成就体验。其次，将成就体验迁移到学习的直接方法就是学会分解目标，制订短期目标，让孩子知道自己当下可以做什么，逐步培养"我能行"的感觉。

10. 孩子学习上有畏难情绪，怎么办？

孩子在学习中，难免会遇到各种挫折，如果没有恰当的引导，时间长了，孩子可能会对学习产生畏难情绪。

最近就有一个三年级小学生的妈妈，说她家孩子在学习上非常容易退缩，一遇到困难就躲。比如遇到稍微难一点的题，常常想都不想就说自己不会；如果老师布置的作业比平时多，孩子的压力就很大，经常担心写不完作业，都急哭了。

这些都是畏难情绪的表现，孩子在面对困难的时候，总是感觉难度很大，认为自己解决不了，然后就开始逃避或者变得焦虑。

学习上的畏难情绪是如何产生的？父母又应该如何帮助孩子克服呢？

孩子在学习上产生畏难情绪，一般有以下三个原因。

第一，孩子如果在学习中经历多次失败又缺乏正确的引导和帮助，慢慢地，在学习上就会产生习得性无助。所谓习得性无助，就是经过多次失败之后变得灰心丧气，一遇到困难就觉得自己无能为力，想要放弃或者逃避。

心理学家做过一个实验，把一条饥饿的鳄鱼和一些小鱼放在同一个水箱里，中间用一个透明玻璃板隔开。刚开始鳄鱼会毫不犹豫地向小鱼发起进攻，但是每次都会撞到玻璃，经过多次失败以后，鳄鱼就放弃了进攻。后来，即使把玻璃板撤掉，鳄鱼也只是绝望地看着小鱼，不再进攻。鳄鱼经过多次失败以后，认为自己再也吃不到小鱼了，这就是习得性无助。如果孩子在学习上多次失败，他也会产生习得性无助感，外在表现就是学习上的畏难情绪。

第二，父母或老师过分看重考试结果。如果父母或老师把成绩当作评价孩子的唯一标准，用成绩来定义孩子的好坏，也容易让孩子产生畏难情绪。

前段时间，我接到一个学生的咨询。他在学钢琴，平时表现很好，但一到考试就紧张，结果总是考不过。马上又要考试了，他说感觉很害怕，觉得自己一定又会考不过。我问他是不是考试太难，超出了他的能力。他说不是，自己的真实水平完全够得上考试难度。我让他思考自己到底在怕什么，他想了一会儿说，就是怕考不过。我接着问他考不过会怎样，他想了一会儿说，好像也不会怎样，不过马上又说，妈妈会对他失望，也会批评他。原来，妈妈在钢琴上对他期望很高，总希望他能过级，每次考前，妈妈都会说一定要考过，导致他每次考前都很紧张，怕考不好让妈妈失望，结果越紧张越考不好，越考不好，妈妈越失望，有时候还抱怨他偷懒、脑子笨，结果导致他在钢琴的学习上产生了极大的畏难情绪。

这就是过度要求考试结果给孩子带来了畏难情绪，在这个案例中，孩子不是怕考试，而是怕考试失败后妈妈对自己的失望与不满。

第三，孩子缺乏目标管理的能力。也就是当面对复杂任务的时候，如果孩子不会目标管理,他就找不到头绪,很容易感觉自己正在面临很大的困难,产生畏难情绪。就像开头讲的那个三年级的小学生,一旦老师留的作业比平时多,他就不知道如何应对。

说完畏难情绪产生的原因,我们提供以下方法,帮助孩子克服学习中的畏难情绪。

第一,当孩子在学习中遭遇失败时,父母要帮孩子合理归因,并提供帮助,避免孩子产生习得性无助感。

所谓归因,就是为一个结果找原因。孩子考试失败,这是一个结果,为这个结果寻找原因的过程就是归因。如果把考试失败归因于笨,这是对孩子自信心的致命打击,因为说孩子笨会让孩子觉得,自己再怎么努力都不会取得好成绩。合理的归因方式是跟孩子一起分析考试失败的原因,如果是因为知识点没掌握,孩子就会知道以后要更努力;如果是因为粗心,孩子就知道以后要更认真。这样,孩子不仅不会从失败中备受打击,还能学会从失败中吸取经验教训,为以后的成功打下扎实的基础。

再说说如何给孩子提供帮助。这个帮助不是直接帮他解决困难,而是要教给他解决困难的方法,一步一步引导他。给大家举个例子,一个三年级的小学生在写作业时遇到一道难题,想了很久都做不出来,就跟爸爸说:"这个题我不会,爸爸你直接告诉我答案吧。"爸爸听了,笑呵呵地说:"爸爸不能直接告诉你答案,但是爸爸愿意跟你一起找到答案。来,我们一起再看一下这道题。"接下来,爸爸就一步一步引导孩子,每个关键步骤给提示,看到孩子思路偏了就及时纠正,启发他思考。在爸爸的帮助下,孩子最终把题做出来了,她非常开心地说:"没想到我也能做出来这么难的题!"

在这个过程中,爸爸就像孩子解决问题中的"教练",能给到孩子很多协助和引导，一步一步达到目标，最终孩子战胜了困难，体验到成就感。这样，孩子以后再遇到类似的困难就不会轻易退缩，也不会产生畏难情绪。

第二，父母和老师要更重视孩子学习的过程，而不是仅仅关注考试结果。

我有一个高中同学，他从来都不担心考试，感觉他每天都很轻松，每次考试的成绩也很好。我就问他为什么心态这么好，他说他的爸爸经常说，学习过程比考试成绩重要，还经常告诉他，要关心自己是不是真的学会了，而不是那个分数。如果考得好，爸爸会肯定他的努力和进步，如果考不好，爸爸会跟他一起分析原因，总结经验。这样慢慢地，他也只关注自己是否学会了知识，而不在乎考试分数。

这位爸爸的做法就非常好，不但帮助孩子打消了考试的顾虑，还帮助他真正地享受学习，在学习中满足好奇心，获得愉悦感，真正让学习变成了一件开心且有成就感的事情。

但是学习并不会总是一帆风顺。当考试成绩不理想时，孩子在学校可能会遭到老师的批评或者同伴的嘲笑，并产生一定的心理压力。这时候，父母更要对孩子进行正向引导，帮助孩子疏解压力。

比如孩子在单元测试中没有考好，被老师批评了，回家后心情非常低落。妈妈可以这样对孩子说："我理解你现在心情不好，但我想说，这次考试只是对前面一个单元学习情况的检测，这次没考好不代表以后考不好，况且以前你一直成绩都不错，妈妈愿意跟你一起分析这次考不好的原因，咱们认真总结经验教训，接下来好好努力，妈妈相信你下次一定能考出好成绩。"

当孩子从老师或同学那里感受到压力的时候，妈妈的理解和鼓励能帮孩子缓解压力,积极的引导也会让孩子对考试结果有更合理的认知,这样,孩子对下次考试就没有那么大压力了。

这就是为什么要让爸爸妈妈多关注孩子的学习过程,如果孩子能够不带心理负担地去学习,考试成绩往往是水到渠成的结果,更不会对学习产生畏难情绪。

第三,用列清单的方法帮助孩子进行目标管理。

前面提到,当孩子面对复杂任务的时候,如果缺乏目标管理能力,他就会感觉自己正在面临很大的困难,从而产生畏难情绪。目标管理,就是要教会孩子如何通过有效手段,一步一步达到目标。

我曾经给一个初二的男孩辅导功课,他学习成绩比较差,平时做作业也比较慢。有一次去辅导,他非常焦虑,说老师留了很多作业,自己一定写不完。相信很多家长都会遇到类似的难题,很多孩子写作业写到半夜12点,甚至有些孩子因担心作业写不完,第二天不愿意去上学。

我对这个孩子用的就是这种方法——列清单法,操作很简单。

首先,把所有作业列一个清单。我让孩子把所有的作业分门别类写在一张纸上,比如语文有哪些任务,数学有哪些任务等。

其次,帮助孩子执行清单。这是清单法最重要、最核心的地方。执行清单要做到两点:一个是当孩子在写作业的过程中遇到困难时,要给孩子提供及时的帮助,这样可以避免因为遇到困难而导致清单执行不下去。另一个是每完成一项作业,要有直观的反馈。最简单的办法就是,每完成一项作业就在后面打一个对勾表示已经完成,虽然很简单,但是这会给孩子非常积极的鼓励和反馈,他会更有动力去完成接下来的作业。

列清单法虽然简单,但效果很好,是目标管理的一个好办法,能够很好地帮助孩子面对复杂任务,克服畏难情绪。

11. 如何培养孩子的抗挫折能力？

说到抗挫折能力，父母都会非常重视，孩子有时候遇到一点困难就退缩，让父母很头疼。比如，有的孩子在学习或者游戏中都不允许自己失败，如果失败了，孩子就会觉得自己什么都不行，变得爱发脾气或者特别沮丧，什么都不想做了，也不愿意跟别人交往，怎么说也不管用；但是抗挫折能力好的孩子能调整好自己的心态，从失败中总结经验，寻找解决问题的办法，继续对未来保持期待和信心。

其实，抗挫折能力就是让我们面对挫折、摆脱困境、克服困难的能力，也就是我们常说的"逆商"或"心理弹性"。

在小学阶段，培养抗挫折能力是孩子的心理必修课，也可以说是孩子心灵的保护层。我们都知道，在成长的过程中，孩子需要面对很多的挑战、困难，甚至是失败，这些经历会带给孩子不同的影响，有的是促进孩子的发展，而有的却会阻碍孩子的发展。抗挫折能力可以为孩子的心理提供保护，让孩子敢于面对挫折、接受失败，帮助孩子发展逆商、健康成长。

那么，父母怎样培养孩子的抗挫折能力，提高孩子的心理弹性呢？

第一，父母要引导孩子正确地看待挫折，在孩子需要时帮他调整心态。当孩子遇到挫折的时候，父母要有意识地引导孩子正确地看待挫折，调整心态是第一步。在父母引导的过程中，可以向孩子表达出父母对挫折的态度，就是承认挫折会使人沮丧和难过，但也不放大挫折带来的负面影响，让孩子明白挫折是成长过程中的挑战和考验。

比如，在期中考试中孩子的数学成绩不理想，有一些没掌握知识点、审题或计算粗心的问题存在。父母可以这样引导孩子："虽然这次数学成绩不理想，让你感到难过，但是你也能从中有所收获，你可以了解到自己有哪些知识点没有掌握好，在审题和计算方面也要更加细心，在接下来的学习中，你可以及时地查缺补漏，在以后的考试中，你需要在做完题之后进行检查。"

在父母引导的过程中，还需要注意挫折对孩子心态的影响。孩子可能会特别害怕困难，觉得难以克服，很容易放弃。这是孩子最需要父母帮助的时候，父母要帮助孩子缓解负面情绪，避免因为不良情绪的积压而给孩子带来更不好的影响。父母要让孩子感受到挫折不是那么可怕，而是可以通过自己的努力来克服的。

第二，父母要懂得并敢于放手，在孩子需要时再为他提供支持。随着孩子逐渐成长，父母要相信孩子已经拥有一定的抗挫折能力，孩子能够独立应对一些挫折，并从中获得成长。

当孩子面对挫折时，父母要逐渐放手，不过度保护孩子，让孩子在安全的环境中锻炼成长。只有让孩子亲身经历挫折，才能进一步提高孩子的抗挫折能力，培养孩子的心理弹性。如果父母一直充当孩子的保护伞，遇到任何困难时，孩子自己不需要付出努力，父母完全帮他解决，孩子就会依赖父母的支持，难以发展抗挫折能力。

给大家举一个例子，比如，孩子在上周参加了学校的演讲比赛，虽然他做了很多的准备，并且在演讲时也发挥正常，但是却没能拿奖，这让孩子一直闷闷不乐、感到伤心。父母该怎么办呢？

首先，父母要评估一下这件事情对孩子的影响程度。如果这对孩子来说是在学习和生活中的一个一般性的挫折，那么可以相信孩子有能力独立应对，在需要的时候父母再给孩子帮助。如果这对孩子来说是一次影响比较大的失败，父母就需要及时主动地给孩子提供帮助和引导。像演讲比赛失败这种挫折，就是父母要鼓励孩子去独立应对的。

其次，父母要理解和接纳孩子的感受，让孩子感受到支持。在孩子遇到困难的时候，父母不能一上来就帮孩子直接解决问题，有的家长可能看到孩子伤心就会很心疼、很焦虑，想立即帮孩子解决这个问题，直接列方案、找资源来帮助孩子，或者拿孩子喜欢的东西来转移他的注意力，不让他沉浸在失败的情绪中。但是这样会让孩子养成一遇到困难就等着别人来为自己负责的习惯，抗挫折能力会越来越低。

但是父母也不能不管孩子，还是要在情感上支持孩子，让他在感受到安全的情况下面对并克服困难。父母可以先告诉孩子："我知道你因为没有获奖感到很难过。"让孩子感受到父母能够理解他的情绪，这样孩子会少一些害怕和担心，愿意跟父母倾诉。父母帮孩子缓解了情绪之后，孩子自然就会开始生发出力量面对困难。

最后，父母可以根据孩子的需要来判断是否和孩子一起寻找原因和解决的办法。如果孩子状态很好，可能在情绪调整之后就会开始自己想办法解决困难了。孩子也可能还会需要父母的支持，这时候父母可以再和孩子一起寻找解决方法。但是这个过程一定要让孩子来主导，让他感受到是通过自己的努力克服了困难，父母只是他的支持。这样，孩子在以后遇到困难的时候就会自己想办法克服，而不是只依赖父母。

比如，父母可以告诉孩子："以后还会有其他机会，我们可以从这次经历中寻找原因，看看是哪些方面没有做好准备，下次再好好努力。"父母要让孩子去思考并找出原因，然后再提出解决方法，并在孩子需要时提供建议。

第三，父母要为孩子提供锻炼的机会，帮助孩子体验并学习应对挫折。父母可以在跟孩子相处时，主动为孩子提供锻炼的机会，协助孩子去完成一些比较困难的任务，提升孩子的抗挫折能力。

父母可以带孩子参加一些既有意义也有一定难度的活动或者任务，比如，一起爬山、做志愿者、学习一项新技能等。在这个过程中，如果孩子感到困难或者退缩，父母可以鼓励孩子，教给孩子解决问题的方法，陪着孩子调整心态、继续努力，让孩子体验到克服困难的成就感，增加孩子应对挑战的信心和勇气。

在父母帮助孩子学习应对挫折的过程中，最关键的是"适度的挫折"。如果父母因为担心孩子受到伤害，或没有能力应对困难而过度地保护孩子，这会让孩子错过成长的机会，因为父母没办法随时随地保护孩子，所以父母要培养孩子的抗挫折能力，让孩子变得坚强，有能力保护自己。但是，如果孩子遇到的挫折超过了他在现阶段能够承受的范围，这会给孩子带来心理伤害，过多的挫败感会让孩子感到无助，不再相信自己可以通过努力克服困难。父母要特别注意，适度的挫折可以帮助孩子形成抗挫折能力，但过度的挫折会使孩子产生无助感。

第四，父母在生活中要以身作则，为孩子树立积极应对挫折的榜样。在生活中，父母也要保持乐观的心态，积极地看待和应对不同的事情，通过父母的以身作则来教会孩子应对挫折。比如，当遇到事情时，父母不要在孩子面前表现出抱怨或绝望的样子，尽可能地保持冷静，积极地寻找解决问题的方法。那么，孩子也会潜移默化地受到父母的影响,从而积极地面对挫折,对生活和未来保持期待。

父母还可以跟孩子分享一些自己勇敢面对并克服挫折的经历,或者讲一些应对挫折的名人故事,为孩子树立榜样,让孩子体会到战胜挫折的目标感和荣誉感,在精神层面给予孩子激励。

第五,父母还可以帮助孩子储备抗挫折能力的心理资源,提升孩子的抗挫折潜力。心理学家们研究发现,孩子抗挫折能力的培养跟孩子拥有的心理资源有关,这些资源来自个人、家庭、学校以及社会。父母可以从以下这些方面有意识地为孩子提供培养抗挫折能力的环境。

(1)个人层面,父母可以帮助孩子提高情绪调节的能力,教给孩子一些情绪调节的方法,比如,向家人和朋友倾诉,合理地进行发泄,做一些自己喜欢的事情等。

(2)在家庭层面,父母可以跟孩子建立温暖、信任的亲子关系,给孩子提供足够的支持,多跟孩子进行沟通,分享每天的事情和感受等。

(3)在学校层面,父母可以鼓励孩子多交朋友,教给孩子一些建立和维持人际的小技巧,比如,经常微笑,尊重他人,认真倾听等。

(4)在社会层面,父母可以鼓励孩子多参加一些实践活动,让孩子结交自己的朋友,锻炼自己的各方面能力。

需要注意的是,培养孩子的抗挫折能力并不是需要上面提到的全部资源,父母提供一项或者几项资源对孩子来说可能就足够了,因为有些资源之间是相互联系和相互促进的。比如,父母在教育孩子时采取温和且坚定的方式,尊重和理解孩子的立场,提出要求时跟孩子说明原因,这会让父母跟孩子之间建立起相互信任的关系,孩子会一直感受到来自家庭的温暖和支持,那么孩子自身的情绪调节能力会有比较好的发展,在遇到事情时也会用更加积极乐观的心态来面对。

小学阶段是孩子学习习惯养成的关键时期，帮孩子养成良好的学习习惯，让孩子的学习效率不断提高，在以后的学习过程中越来越轻松。

许多家长看到孩子开始养成一些不好的习惯（比如粗心、丢三落四等），就会变得比较焦虑，于是跟孩子讲道理，甚至训斥孩子，希望孩子能够改掉这些坏习惯，但实际效果往往并不理想。

在培养孩子学习习惯的过程中，父母可能会很受挫，觉得孩子总和父母对着干。你想让他高效地完成作业，他却总想着玩儿游戏；你想让他养成时间管理的习惯，他却总是拖延到最后一分钟，而且有时候孩子还和我们讨价还价，这让我们很心累。

其实，孩子才应该是习惯养成的主体，父母可以通过一步步的训练让孩子感受到好习惯带来的好处，让他在获得成就感的同时养成良好的学习习惯。在这个过程中，父母需要不断地给孩子正向反馈，孩子才会觉得养成好的习惯并不难，而且是一件让他很开心、很自豪的事情，他自然就更愿意去做了。

想让孩子养成良好的学习习惯，父母要付出更多的耐心，更要以身作则，给孩子做好榜样，这样才能达到事半功倍的效果。

第二章

学习习惯

01. 孩子总是丢三落四，怎么办？

一位三年级孩子的妈妈说，孩子经常找不到自己的东西，文具、水杯什么的常常弄丢，有时候还会忘记带作业，打电话让妈妈把作业送到传达室去。

那么，面对孩子丢三落四的情况，父母该如何做呢？

首先，让孩子自己的事情自己做，锻炼孩子自己安排生活的能力。 孩子丢三落四看起来是因为马虎，实际上是由于父母常常替孩子包办过多，孩子没有机会亲自打理自己的生活。所以，对于那些孩子有能力自己做的事情，父母要尽量让孩子自己去做，这样孩子才能学会安排好自己的生活。

其次，在孩子出现丢三落四的情况时，要让孩子承受一定的自然后果。 有些孩子一忘记带东西就寻求父母的帮助，而父母也总是立刻替孩子处理，这样就导致孩子没有为自己负责的意识。父母可以试着在孩子落东西的时候，让孩子承担一定的自然后果。比如，当孩子忘带作业的时候，父母不要一接到电话就赶紧给孩子送去，而是可以让孩子承担忘记带作业的自然后果，如被老师批评等，这样孩子以后就会更仔细地检查和收拾东西。

最后，要培养孩子井然有序的生活习惯。 有些孩子经常丢三落四，是因为做事缺乏条理，没有秩序。比如，孩子用完东西就随手乱扔，需要用的时候再到处找。父母可以教孩子把学习用品和生活用品都放在固定的地方，用完了就放回原处。也可以让孩子准备一个备忘录，把第二天上学要用的书本和文具等记下来，在前一天晚上就核对检查好。

02. 孩子粗心，怎么办？

孩子的粗心问题在平时写作业和考试的过程中是很常见的。比如，有些孩子审题时会看错关键词，把"选出不正确的一项"看成"选出正确的一项"；有时候会因为漏读一些关键字词而理解错题目的意思；有时候还会写错数字，一道计算题的结果是1200，孩子却写成了120。

那么，孩子为什么会粗心呢？所谓粗心，就是本身很简单的东西，却搞错了。这是因为我们在思考的时候，思维会不自主地有跳跃性，这样我们就会习惯性地忽略平时觉得不重要的东西。所以，粗心实际上是一个习惯问题。

具体该怎么解决呢？

第一，养成良好的审题、做题习惯。孩子发生粗心的现象，而且看起来越简单的东西可能越容易出错，是因为思维的跳跃性会经常忽略我们平时熟悉的东西。这时，父母需要先整体分析一下孩子的粗心主要表现在哪里,是审题还是做题,然后帮孩子养成一字一句审题和按顺序做题、不跳步骤的习惯。这样会最大程度地避免粗心。

第二,养成检查的习惯。即使孩子的审题和做题的习惯很好,也很有耐心,但粗心的问题还是没有办法完全避免,那么更重要的就是让孩子养成检查的习惯。

检查的过程跟第一遍做题时候的思维是不一样的,思维的跳跃性会变得更可控,因为检查过程不同于解题过程,检验错误的目的性更强。

父母可以先理解孩子粗心是很难避免的,很多时候大人也会粗心,这都是正常的。并且要告诉孩子,写完多检查几遍会让正确率提高很多。刚开始父母可以督促孩子检查作业和试卷,当孩子自己检查出来错误时,就会有成就感,感受到检查带给他的价值,逐渐养成检查的习惯。

03. 孩子总是拖拖拉拉,怎么办?

一说起孩子的拖延,我们最先想到的可能就是孩子的假期作业。在假期刚开始的几天,父母因为心疼孩子辛苦了一个学期,所以就允许孩子多玩儿几天放松一下。到了假期中间,父母开始为孩子的作业感到着急,就提醒孩子该开始写作业了,但是孩子好像不为所动,总说"我明天再开始写作业"。转眼到了快开学的时候，孩子看着几乎没动的作业开始着急了。于是在假期的最后几天里，孩子飞快地补作业，只求速度不求质量，但父母能做的好像就只是批评孩子几句，告诉孩子下个假期要早点开始做作业。

不管是在学习中，还是在生活中，父母只要看到孩子拖延就会不由自主地跟着着急起来。父母担心孩子会养成过度拖延的不良习惯，所以孩子一拖延，父母就会提醒或者批评他，刚开始的时候还管用，但是时间一久，父母说得越多，孩子反而越拖延，这不仅影响了孩子自己的学习和生活，而且还让亲子关系变得紧张。

那么，父母该如何帮助孩子克服拖延呢？其实，孩子拖延的原因是各不相同的，有孩子自身的原因，也有养育方法的原因。所以，要想帮助孩子克服拖延，我们首先要找到孩子拖延的原因，然后再采取适合的方法。

下面，我们先来说说孩子拖延的常见原因，然后针对不同的原因给出教养建议。

第一，孩子的身体发展或者性格特点让他处于比较慢的节奏中。

心理学的相关研究发现，拖延有可能是由生理原因造成的。在我们的大脑中，有一部分区域的功能是与计划、控制、注意力和执行相关的，当这部分区域的功能发展不完善或者有其他情况时，人做事情的效率就会降低。父母可以看看孩子在运动、协调、反应等方面的能力跟同龄人相比的情况，是不是做任何事情好像都是"慢半拍"。孩子的性格特点也会影响孩子是否拖延，比如，性格比较慢的孩子，做事情有自己的节奏，但这会让父母或者老师认为孩子比较拖延。

在这种情况下，父母要及时地帮助孩子进行一些适当的训练。

（1）如果孩子在运动能力、注意力和反应能力等方面的表现明显慢于同龄人，父母可以多带孩子参加一些运动，比如，跳绳、打球、下棋或者游泳等，帮助孩子促进大脑相关区域的发育和发展。

（2）如果孩子是比较慢的性格，父母可以在尊重孩子自己节奏的基础上，适当地对孩子在需要变快的方面进行训练，比如，帮助孩子提高阅读的速度、写作业的效率等。

第二，孩子因为做事情缺少条理性和计划性，让自己陷入拖延。

除了上文说的生理原因和性格原因以外，如果孩子在做事情时缺少条理性或没有明确的计划，也会容易拖延。比如，在写作业的时候，孩子一会儿去找橡皮，一会儿又找铅笔，一会儿写数学，一会儿玩儿手机，本来用1小时就能完成的作业，结果花了2个多小时。

在这种情况下，父母要帮助孩子有条理、有计划地做事情。

（1）父母可以培养孩子的时间观念。父母可以通过设置"任务期限"的方式帮助孩子树立时间观念。在孩子需要完成某一件事情时，父母可以跟孩子一起确定一个时间期限，如果提前完成，孩子可以获得适当的奖励，如果超过期限，可以让孩子体验适当的"惩罚"。比如，父母跟孩子约定用周六一天的时间写完作业，如果孩子做到了，周日就可以去游乐场玩儿；如果孩子没做到，周日就只能继续在家里写作业，并且减少玩儿手机的时间。这样可以让孩子更深地体会到时间的意义，从而更加懂得珍惜时间、使用时间。

（2）父母可以引导孩子安排明确的计划。在有了时间观念的基础上，父母就可以引导孩子开始做"一日计划"或者"周末计划"，进一步培养孩子做事的计划性和条理性。比如，孩子可以规划周末的某一天，可以是学习的计划，也可以是玩儿的计划，规划好分别占用多少时间。父母可以经常和孩子一起为一天的计划做好安排,并且留出可以调整的时间,这样可以让孩子对自己的生活有更多的掌控感和确认感,也让孩子逐渐找到自己的节奏。

(3)父母可以引导孩子提前进行准备。在孩子做完计划之后,父母可以引导孩子为计划中具体的事情提前做好相关的准备。比如,在写作业之前,父母可以告诉孩子把需要的文具、资料等先准备好,把写作业的顺序也提前安排好。让孩子在学习和生活中都这样做,可以帮助孩子养成提前准备的好习惯,孩子的条理性也会越来越好,从而提高做事情的效率。

第三,孩子面对困难和挑战时产生畏难情绪,借助拖延来逃避。

还有一种常见的拖延原因,就是孩子的畏难情绪。有一个孩子,一直都没有出现过拖延作业的现象,但是就在上六年级之后开始拖延,老是写作业写到半夜都写不完。父母了解情况之后发现,原来孩子最近几次数学成绩都考得不是很好,本来孩子的数学成绩还是不错的,但是六年级之后就学不好了,于是,孩子在写数学作业的时候就变得特别拖延,写作业的效率很低。每次数学作业都空着很多大题,说自己不会做,父母也帮不上忙,拖延着完不成作业,又被老师批评,形成恶性循环。

孩子由于害怕面对数学给自己带来的失败的感觉,经过这样的恶性循环,最后会演变成很严重的拖延,只要有一点点的挑战或者困难,孩子都会用拖延来逃避,因为孩子认为,只要有挑战,就可能会失败,只要拖下去,就好像能避免面对失败一样。

面对这种情况,父母要怎么办呢?

(1)父母可以引导孩子克服畏难情绪,提高孩子应对挫折的能力。

当孩子面对困难或挑战时，父母要先理解孩子的畏难情绪，再鼓励孩子进行试错，帮助孩子逐渐克服畏难情绪，提高应对能力。比如，孩子在写作业时因为做不出一道数学题而不想继续做作业，孩子感到很沮丧，父母可以说："爸爸知道你觉得这道题有难度，担心自己后面的题目也做不好，但是我记得你上一次在遇到难题的时候，经过一段时间的思考后便知道了该如何解题，所以爸爸相信你有能力做到，只要你愿意去思考和尝试。"在孩子试错的过程中，父母需要提供鼓励和支持。如果孩子向我们求助，父母可以跟孩子一起寻找解决办法。

（2）父母可以给孩子更多的自主权，提高孩子解决问题的能力。在日常生活中，父母可以多让孩子进行选择和决定，让孩子独立负责自己的事情。在这个过程中，即使孩子做得慢或者不够好，父母也要多一些耐心，让孩子独立思考解决问题的方法并进行尝试。随着孩子做事情的经验增多，孩子解决问题的能力也会得到提升，从而让孩子更有信心地去面对困难或挑战。

第四，孩子在做事情时因为过于追求完美而让自己变得拖延。

最后还有一种情况，就是孩子的"完美主义"让自己变得拖延。孩子可能会因为担心自己没办法把事情做得完美，所以在做事情之前反复思考、耗费时间。比如，孩子在写作文时，希望自己可以交给老师一份满分作文，于是孩子反复构思作文的提纲，直到自己觉得满意好不容易开始写作之后，写了好几个开头又都觉得不满意，这让孩子在写一篇作文上花费了很多时间。孩子也可能因为特别想把事情做到完美，所以在做事情的过程中过于追求细节的完美。比如，在写作业时，孩子可能因为有些字写得不太好看或者不太整齐，就擦掉重写，这样孩子写作业的速度就会变得很慢。

在这种情况下,父母要适当地引导孩子,不要给孩子过多的压力。

(1)父母可以告诉孩子,先做完再做好。在孩子迟迟不肯开始做事情时,父母可以先鼓励孩子去进行尝试,父母可以跟孩子说"尝试开始做是很重要的""做事情可以先做完再做好"。这样可以让孩子走出担心的情绪,让孩子的注意力集中在做这件事情上。

(2)父母可以及时鼓励孩子的进步。在做事情的过程中,当孩子有一些进步时,父母可以及时地给予孩子认可和鼓励,而不是等孩子做得完美时,父母才"恍然大悟";当孩子完成一个小目标时,父母就可以给孩子适当的奖励作为肯定,而不是急于对孩子提出更高的目标,让孩子继续追求完美。

第五,有些比较强势的管教方法可能让孩子产生拖延的心理和行为。

上述拖延的原因主要是来自孩子自身,父母的养育方法有时候也会引起孩子拖延。比如,孩子本来有自己做事情的节奏,但是父母在管教孩子的过程中比较着急和强势,总是不断地催促孩子"快点写作业""快点洗漱睡觉"等。如果孩子没有达到要求的速度或者先做了其他的事情,父母就会特别着急,批评孩子"磨蹭"或"拖拉",于是父母在下一次就会更加催促孩子。受到催促或批评之后,孩子总是不开心的,在长时间的催促之下,孩子就会逐渐认为自己就是一个拖延的人,或者孩子会故意变得越来越拖延,从而对抗父母的要求。

在这种情况下,父母需要调整自己的管教方法,多给孩子一些耐心和鼓励。

(1)父母对孩子的期待要在适中的程度。父母向孩子表达适当的期待,可以让孩子感受到信任和价值感,但是过高的期待会给孩子带来压力，容易让孩子产生畏难情绪或者过于追求完美，引起孩子拖延。父母在表达对孩子的期待时，可以根据孩子目前的表现对他提出进一步的期待，而不是要求孩子马上做到完全的改变。

比如，孩子现在处于比较拖延的状态，如果父母直接要求孩子在学习和生活的方方面面都非常有条理、不拖延，那么孩子心里会想，反正自己做不到，不如再拖一会儿，这会让孩子变得更拖延。父母可以从鼓励孩子及时地去做一件具体的事情开始。如果孩子在昨天放学回家之后玩儿到 8 点半才开始写作业，那么今天父母可以告诉孩子，希望他可以从 8 点开始写作业，这让孩子更容易接受和做到。

（2）父母要改变跟孩子说话的方式。父母可以把催促孩子的命令改变为引导式的问题，比如，父母可以问问孩子"今天你准备做什么""接下来你有什么安排""你打算用多少时间玩儿手机"等，这样可以尊重孩子自己的节奏，让孩子比较从容地去做事情。父母也可以通过鼓励给孩子积极的暗示，比如，父母可以对孩子今天的表现进行肯定，"今天你完成作业的速度要比昨天快""你比昨天洗漱得快，也睡得早"，这样可以让孩子收到积极的暗示，养成不拖拉的好习惯。

（3）父母要给孩子树立不拖延的榜样。父母是孩子的榜样，在拖延这件事情上也是一样的。父母也要有自己做事情的节奏，而且在家里做事情时要认真投入、积极执行，尽可能地做到不拖延。孩子受到父母潜移默化的影响，也会在做事情时提高自己的效率，做一个不拖延的人。

04. 如何帮孩子制订科学的学习计划？

有位妈妈说，每次新学期开始，她都会帮孩子制订许多学习计划，孩子也总是劲头十足，可是结果呢，过不了多久，计划就被抛在了九霄云外，根本执行不了。

可能很多大人也有这样的体验，新年第一天，信誓旦旦地给自己立下一个要实现的目标，比如计划减肥、计划读多少本书等等，可是到年底一看，好多计划早就泡汤了。

那么，问题到底出在哪里呢？一个主要的原因，就是我们制订的计划不科学。

不科学的计划往往是由于给孩子安排了太多的任务。比如，这位妈妈给孩子制订了数学提升计划，每天安排孩子做三套试卷，结果孩子在完成课内作业后，还需要额外做这三套卷子，所以经常熬夜，严重影响了睡眠，也导致孩子第二天上课注意力不集中，不仅学习效果不好，而且到最后也难以坚持下去。

那么，父母该如何帮孩子制订科学的学习计划呢？

首先，父母要根据孩子的实际情况，和孩子一起讨论可行的计划方案。要知道，计划做得再完美，如果没有可行性，也只是一纸空谈。父母可以根据孩子的年龄、学习特点、接受程度等因素，和孩子一起讨论，什么样的计划既能提高学习效果，又能保证身心健康，这样才能真正达到帮助孩子学习的目的。

其次，在制订计划时，要给孩子留出一定的自主时间。 有些父母喜欢把孩子的时间安排得满满的，一看到孩子空下来，就赶紧催促孩子去学习。可是，密集的时间安排会带给孩子很多压力，让孩子无法放松身心，更没有机会学会自我安排。而在计划中预留出自由支配的时间，孩子才能松紧有度，一张一弛，学会如何有效地利用时间，学习效率也会更高。

05. 制订了一份完美的计划，孩子做不到，怎么办？

最近，有位朋友跟我说，在网课学习期间，她跟孩子一起制订了学习计划。制订计划的时候，孩子很积极主动地规划自己的时间，也承诺自己会坚持执行。但是，在接下来的一周内，这位妈妈先是看到孩子很着急地赶着完成任务，刚开始执行的时候，孩子还能差不多完成，随着天数增多，孩子感到心累、完不成的情况增多之后，孩子自己也就干脆放弃了。

这位妈妈看到孩子完不成计划，一下也心急了起来，经常问孩子有没有写这个、做那个，结果孩子又气又急，两人差点吵起来。

其实，我们可以看到，当父母跟孩子一起制订一份计划时，孩子心里对计划是认同的，他也很想去做到。但是，在具体的执行中，孩子可能会遇到问题，延长任务的时间，计划就会被打乱。所以，孩子也会因为着急完成计划而感到焦虑。那么，父母可以怎么做呢？

第一，让孩子明白在执行过程中调整计划是常事。在孩子感到着急时，父母可以先跟孩子静下心来谈一谈，告诉孩子在执行过程中，调整计划是很常见的事情。比如，父母可以说："虽然没能完成全部的计划，但是你在尽力地去做，其实，每一个合适自己的计划都是在执行中不断调整的，我们可以根据这周实际执行的情况，一起来做一些调整，让这份计划更适合你的学习节奏。"

第二，引导孩子分阶段、分步骤做到计划中的任务。在调整计划时，父母可以先跟孩子一起看一看任务分类，再进行安排。比如，像写作业这样每天都需要做的任务，可以跟孩子一起寻找提高效率的办法；像练字、阅读这样自主提升的任务，可以在每周的规划中进行1~2项。这样可以让孩子逐步去做到计划中的任务，帮孩子更好地实现计划。

第三，在执行中对孩子的进步表达肯定并设置奖励。在调整计划之后，孩子执行的主动性需要鼓励，父母可以多关注孩子做到的部分，对孩子表达认可和肯定。在适当的时候，父母也可以为孩子设置奖励，激励孩子更积极主动地执行和调整计划。

06. 如何让孩子爱上读书?

我有一个朋友经常和我抱怨,孩子每天都玩儿游戏,不喜欢读书,到底怎么样才能让孩子喜欢读书呢?我问他:"你下班回家一般都干什么?"他说:"我就躺沙发上看剧啊。"我说:"你喜欢看书吗?"他说:"我都工作了,还看什么书啊!是为了让小孩子看呀,他要学习。"大家觉得我这个朋友的孩子会喜欢上读书吗?很明显是不太可能的。

那么,究竟要怎样才能让孩子爱上读书呢?

首先,最关键的是要在家中营造出读书的氛围。孩子的习惯培养都是在模仿认同中完成的。阅读兴趣的培养往往很难通过说教达到目的,父母行为的示范相当重要。比如,父母可以和孩子约定一个家庭读书时刻,每天所有人都会在这段时间内共同读书,并分享收获。

其次,要让孩子觉得读书是一件开心的事。读书本身是需要我们付出精力和注意力去完成的,所以父母要先从孩子感兴趣的书开始去培养习惯。可能孩子喜欢读故事书、小说或者绘本等等,当孩子看自己喜欢的书时,一定是开心愉悦的。

在刚开始养成习惯的时候,父母不要过分在意书的种类,关键在于孩子能够持续地读书。父母千万不要将读书变成一种任务,让孩子产生强烈的压力。在孩子有进步,或者分享自己的观点时,要及时地鼓励和认可。这些都会让孩子在读书中感受到成就感,从读书中感受到愉悦的情绪。

07. 如何让孩子更有效地预习?

提到预习,有的家长可能会说:"小学的知识那么简单,还需要预习吗?"其实,"凡事预则立,不预则废"。叶圣陶先生很早之前就总结过预习的价值:其一,孩子预习之后对课文有了一定的理解,在课堂讨论的时候看到自己的理解和讨论的结果相吻合,孩子就会产生成功的快感;其二,如果孩子的理解和讨论结果不相吻合,孩子就会作比量长短的思考;其三,预习会产生困惑,到了讨论的时候,孩子为了解决困惑,就更容易集中注意力。同时,成功的快感、思考和注意力又能够反过来激发孩子阅读的兴趣,提升阅读的效果。所以说,预习具有很高的价值。

那么,具体应该如何预习呢?简单来说,预习可以分为以下四个步骤。

(1)孩子可以通读即将要学习的内容,对知识有一个整体的把握,同时提升对新课的兴趣。

(2)让孩子把看不懂、有疑问的地方标出来。这里可以用不同的符号或者颜色来标记。比如,用五角星标示重点内容,用波浪线标出好词好句，红色表示有疑问的地方，等等。

（3）引导孩子查工具书，解决一些自己可以解决的问题。比如，遇到不认识的字自己去查查字典，给不熟悉的词标上注释，遇到不明白的背景知识去查查相关资料，等等。

（4）可以让孩子边预习边做好笔记。预习笔记可以做在书上，也可以做在笔记本上。既可以边读边做笔记，也可以在整体读完之后做整理。

通过以上几个步骤进行预习之后，孩子就对将要学习的内容有了初步理解，在课堂上就有更充分的时间思考和消化新知识，有利于提高学习的效率。

要注意的是，小学低年级的预习不宜过多，因为如果预习过多过细，孩子会觉得"我都学过了"，结果会导致听课没兴趣或者不专心。另外，每门课程都有各自的特点和规律，所以预习的方法也不相同，语文的预习主要是生字生词，还有课文的中心思想和段落大意等，数学的预习主要涉及公式、定理、定律以及做练习题等。

08. 如何教孩子学会总结？

前些天一位妈妈来电话咨询说，自己家的孩子在做数学题的时候经常会犯同样的错误，比如，做关于行程问题的应用题，孩子在路程、速度和时间的对应关系上弄错了,妈妈就给他讲一遍,讲完之后问孩子懂了吗,孩子说懂了,结果下次遇到同类型的题,孩子还是做不对。妈妈很着急,不知道该用什么方法能让孩子不再重复犯错误。

经过和妈妈的沟通,我们了解到,问题出在这个孩子改了错题后就不再认真思考,也不懂得总结经验教训。所以,虽然孩子觉得自己理解了,但其实孩子只会就题论题,不会举一反三,以后遇到同类题时就又卡住了,学习效果比较差。

要让孩子扎实地掌握知识,考出好成绩,我们并不赞成一味地刷题,而是要教孩子学会总结,这样学习才能更高效。具体如何做呢?

首先,父母要让孩子意识到及时总结的重要性。 及时总结能帮助孩子梳理知识结构,把零散的知识串起来,让孩子构建自己的知识体系。同时,孩子对学习进行反思,更能发现自己在学习中的问题,找到知识背后的规律。父母在平时的沟通中,就要让孩子意识到及时总结的意义。比如,父母可以这样跟孩子说:"学习就需要踏踏实实,一步一个脚印,我们把上一阶段的知识总结到位了,更有利于下个阶段的学习提高。"

其次,引导孩子了解哪些内容需要总结。 在引导孩子总结的过程中,父母可以让孩子在以下方面重点去实施。

(1)容易出错的知识点,也就是那些孩子一错再错的地方;

(2)容易混淆的知识点,比如相近的一些概念和公式等;

(3)每个章节的重点和难点;

(4)整个章节的知识框架,让孩子掌握知识点之间的内在逻辑联系;

(5)做题的方法和技巧。

俗话说，磨刀不误砍柴工，当孩子学会在这些方面总结，学习的效果就会事半功倍。

最后，教孩子学会用不同的方式来总结。 孩子具体可以用哪些方式来总结呢？一个是做笔记。可以使用不同颜色的笔进行分类，标记不同的重点。另一个是用思维导图。思维导图能帮助孩子很好地梳理知识结构，让孩子的知识体系更加完善和系统。另外，父母也可以使用一些表格来帮助孩子进行归纳整理。

09. 如何培养孩子积极主动的学习习惯？

在第一章的第 8 个问题中，我们已经谈到，父母可以通过提升孩子的自尊感和自我价值感来提升孩子的学习内动力，让孩子能够自主、自发地学习。但在具体的学习过程中，父母还需要协助孩子去反复练习，养成良好的学习习惯，让孩子能够高效学习。

对孩子来说，积极主动的学习习惯是非常重要的。

之前我们接待过一对母子，孩子已经上高中二年级了。孩子当时进咨询室的时候，跟在妈妈后边，一直低着头。他有一个特点，就是我问他问题的时候，他都会看看妈妈，并且用手戳一戳妈妈的胳膊。我问他："你在学校喜欢哪个科目啊？"孩子不说话，戳了戳妈妈。妈妈看了他一眼，说："你让我说啊？我不知道呀，你自己喜欢什么你不知道吗？"孩子就又戳了戳妈妈。妈妈很无奈地说："数学吗？但是我知道你数学成绩不好。"孩子听到之后，就拿拳头捶了妈妈的胳膊两下，表达抗议。我看到之后说："孩子，我们不问妈妈，你来说说你喜欢什么？"孩子把注意力收回来，低着头开始思考。期间，又看看妈妈，戳了戳妈妈，妈妈也不说话了。孩子最后说："物理。"

在后面的过程中，这个孩子也是用同样的模式来面对问题。当遇到问题的时候，不管这个问题有多小，可能只是问"你对什么感兴趣"这种没有压力的问题，孩子也想把回答的责任推给妈妈，妈妈的回答让他不满意的时候，又会去轻轻地打妈妈来表达不满。

就这个孩子来说，他对于问题的反应都是相对比较被动的，自己的责任也不愿意承担。他习惯了把问题抛给妈妈，让妈妈去帮他承担责任。同时，这位妈妈也习惯了帮孩子承担责任，逐渐就养成了孩子消极被动的习惯。

当孩子面对学习和生活中所发生的事情时，尤其是面对问题和困难时，孩子的反应是积极主动还是消极被动的，往往取决于他是否在日常生活中承担起了自己的责任。

对于一个孩子来说，日常的学习生活中会遇到很多需要他们去选择的场景，逃避责任的选择当然是更安逸的，但也会逐渐养成消极被动的学习习惯。

可能有的家长就要问了，孩子才上小学，他们能承担什么责任呢？出了事，不还是父母去承担吗？

是的，孩子都是未成年人，一些责任是需要父母去承担的，肯定不能要求孩子承担所有的责任。但是，父母要让孩子开始承担起他们能够承担的责任，当他们面对问题时，开始刻意地练习"为自己负责，积极主动",最终才能逐渐养成积极主动的习惯。

具体来说,父母要怎么去培养呢?

第一,要给他们机会去选择,让他们为自己的选择负责。父母可以先从孩子的日常生活习惯开始,让孩子开始体验从选择到负责的过程。比如,孩子不按时吃饭,父母可以跟孩子说:"你已经是一名小学生了,吃饭是你自己的责任,爸爸妈妈已经把饭菜做好了,吃饭时间是半个小时,如果你现在过来吃,就有热饭热菜,半个小时后我们就收拾碗筷,到那会儿你就吃不到饭了,而且没有零食可以吃。"这样,父母就给了孩子机会去选择,而且把对应的结果和责任说得很清楚。

第二,父母要针对不同的结果,给予孩子合适的回应和支持。接着说上面的例子,孩子听到之后,如果选择现在过来吃,父母要及时地认可孩子的选择,说:"孩子,你克制了玩儿游戏的冲动,选择了按时吃饭,真棒!"如果孩子还是选择先不吃,那么父母就正常开饭。当孩子过了吃饭时间再过来时,父母可以说:"孩子,你选择了玩儿游戏而不吃饭,爸爸尊重你的选择,但是你今天没有饭可以吃了。"

如果孩子坦然接受,父母要及时地认可孩子为自己承担了责任。如果孩子不接受、闹情绪的话,父母可以鼓励孩子承担责任,但是并不责怪孩子当时的选择,只是表达孩子需要为当时的选择负责,并承担选择的后果。

父母可以跟孩子说:"孩子,你刚刚选择了玩儿游戏不吃饭,爸爸尊重你的选择,但是爸爸也和你说了这个选择会让你今天吃不到饭,你是听见了的。所以爸爸鼓励你承担这个结果,如果你觉得这个结果不太好,下次你就可以换一种选择。"

父母一定要保持温和的态度,邀请、鼓励孩子为选择负责,而不是指责孩子的选择，这样才能让孩子积极主动地做选择，为自己的选择负责。

当父母开始让孩子在小事上去负责任，孩子就慢慢有了接受坏结果的能力。当父母尊重孩子选择的权利，接纳和允许孩子选"错"了的后果，孩子也会学习到这种态度，去接纳和允许坏结果的发生，而不是哭闹、耍赖、推卸责任。

需要注意的是，父母不要在现实的不利后果中再加入其他的不利因素。比如在前面的例子中，孩子已经没有吃到饭了，如果父母再去责备他，就会加大孩子承受结果的难度，不利于培养孩子敢于担当的习惯。

在这个过程中，孩子会开始探索和父母之间的边界，哪些是他们可以做选择的，哪些是红线，不能随意去选择的。这个也是父母要去把握的，要保证孩子选择的安全性和向善性，然后尽量给孩子一个宽松、安全的空间，让他们去探索和成长。

孩子在生活中有了自己做选择、自己负责的经历之后，就会在遇到更难的事情时选择主动和负责，父母就可以逐步培养孩子在学习过程中积极主动的习惯了。

父母要做的是给孩子自己做选择的机会，让他们为结果负责，同时父母要给孩子适当的回应和支持。这样有意识的培养一定要多次重复，只有经过重复的训练，行为才能变成习惯。

那么，父母和孩子之间，到底该如何划分责任的界限呢？首先可以明确的是，学习以及与之相关的事务是孩子来负责的，如认真听课、按时完成作业、收拾书包、考试等，父母会在他有困难的时候协助他。

例如，当孩子写作业遇到困难向父母求助的时候，父母要表扬并强化孩子主动求助的行为；孩子忘记带作业的时候，孩子也要承担自己的责任，可能会被老师批评，可能会被老师误解作业没完成等。

当孩子已经面临不利结果时，可能会难以承担，想要逃避，父母就要向孩子示范如何接受不利结果，并为此负责的态度和方法。让孩子认识到自己的选择行为带来的结果，及时地做出调整就是为自己负责。

例如，当孩子考试成绩不理想的时候，父母可以先问问孩子是因为什么没考好，哪些是自己的原因，哪些是其他的原因。同时，父母可以鼓励孩子为自己在考试前和考试中的不合适的选择和行为负责，并进一步引导孩子思考接下来要怎么做才能让自己更好。

父母这样做就会让孩子觉得自己可以有不合适的选择或者行为，而且为结果负责并不是什么大不了的事，父母给孩子的不是责备，而是鼓励和支持，孩子就会有下一次做得更好的信心。

积极主动的选择和为结果负责是相互促进和循环往复的，父母对孩子进行重复训练之后，孩子就可以养成积极主动的学习习惯。

另外，积极主动的习惯并不代表着每次都积极主动。当我们面对选择的时候，能够做到积极主动，并且为结果负责，本身是很不容易的。即使是成年人，也会有很多不积极的时候，毕竟选择积极是需要付出努力的，承担责任也是需要勇气的。所以，孩子即使养成了积极主动的学习习惯，可能仍然会有心情不好、疲惫、不愿意积极主动的时候，这是很正常的。父母也要看到孩子的需求，否则，可能还会带来反作用。

10. 如何让孩子学会时间管理？

说起时间管理，各位父母朋友先回顾一下，在过去的一周，你的时间花哪儿了？你大概花了多长时间工作，多长时间娱乐，多长时间睡觉？你的工作目标是什么？完成了吗？如果没有，下一周你打算如何分配时间，完成工作目标呢？

如果你对这些问题的回答快速准确，那么你应该是一个时间概念和目标感很强的人。如果你在回答这些问题时，突然顿了一下，或者像失忆了一样，说明你对时间的感知就相对模糊一些。作为想帮孩子做好时间管理的父母，如果自己对时间概念也比较模糊，就要认真学习以下内容了。

时间管理是指灵活有效地规划自己的时间，实现既定目标的过程。不同年龄段的孩子，培养时间管理习惯的侧重点也不同：小学一至三年级的孩子，重点是帮助孩子建立对时间的抽象概念；小学四至六年级的孩子，重点是引导孩子管理学习以外的时间。总体来说，小学阶段孩子的时间管理需要做到下面这三步。

第一步，帮助孩子找到时间管理的意义感，激发孩子进行时间管理的动力。很多父母已经意识到时间管理的重要性，所以为了尽早培养孩子的时间管理习惯，直接甩给孩子一个时间计划表，要求孩子每天填写。这样做，孩子无法意识到写计划表的意义，只会感觉又多了一份无聊的作业，也不能坚持下去。因此，在培养孩子的时间管理习惯之前，父母需要充分激发孩子的动力，让孩子明白写计划表是为了自己，而不是为了父母。

第二步，提供具体的方法和工具支持，引导孩子制作自己的时间计划。孩子有了时间管理的动力，父母需要给孩子提供具体的方法和工具。对于小学一至三年级的孩子，父母可以通过完成作业的方式，帮助孩子建立时间的概念。因为低年级的孩子更容易理解具体的事物，时间对他们来说是一个抽象概念，有时候不能很好地理解。

如果你希望孩子在15分钟内写完数学口算作业，你可以说："用你看一集动画片的时间写完数学口算作业。"或者说："你看啊，当分针从3走到6，数学口算就需要完成了。"你也可以和孩子一起设计时间计划表，给孩子计时器，让孩子记录自己写每一项作业需要花费的时间，训练孩子对抽象时间的感知能力。

第三步，给孩子提供及时稳定的积极反馈，允许孩子犯错，鼓励孩子坚持。在孩子形成时间管理的习惯期间，看到孩子有好的进步时，要反馈给孩子，同时还要能容忍孩子犯错，因为在新的习惯还没完全养成的时候，孩子一定会出错。如果父母不能容忍孩子犯错，或者嘲讽孩子"看吧，我早就说过你坚持不了多久吧"，那么孩子会很难坚持写时间计划表，父母也会有挫败感。

之前我接待过一个家庭，爸妈都是创业公司老板，女儿上小学二年级，孩子下午3点多就放学了，是老人负责接送的，爸妈一般晚上8点后才能回家。爸妈回家前的5小时，孩子是一会儿玩儿玩具，一会儿看书，直到爸妈回家，孩子才开始写作业，一般要写到晚上10点多，甚至 11 点。爸妈非常着急，不知道该怎样让孩子在放学回家后的 5 小时内，又快又好地把作业写完。

我告诉他们不用着急，小学一至三年级，正是帮助孩子养成时间管理习惯的关键期。对于小学二年级的孩子，首先帮助孩子建立时间概念，其次才能要求孩子主动地完成作业。为了帮助孩子找到时间管理的意义感，我做了两件事情。

我先通过提问的方式，让孩子充分想象由她自己来决定什么时间做什么事情，让她在想象中充分体验那种可以自主控制时间的成就感，强化了非常自由和快乐的感觉，充分激发孩子对于时间管理的热情。

我问她："你每天回家特别想做什么事情呢？你回家必须完成的事情有哪些？你希望用多长时间做喜欢的事情？"她说："希望每天安排很多时间做自己喜欢的事情，比如看书、玩儿玩具、去楼下的院子观察小昆虫等。"

我说："好呀，我想帮助你完成这个心愿，我和你一样，也想每天多花点时间做喜欢的事情。偷偷告诉你一个小秘诀，这个秘诀能帮我节省出很多时间。你要不要试试呢？"孩子眼睛亮了，点点头，表示愿意尝试。

接着，我告诉孩子："这个秘密就是一个神奇的表格。只要能用好这个表格，你也能和我一样，可以安排很多时间做自己喜欢的事情。"

于是我和孩子一起设计了时间计划表，并送给孩子一个时间管理小助手——计时器。我和孩子说："这个表格和计时器，包括我本人，都是你的小助手，我们共同帮你实现心愿。计时器会帮你记录时间，并帮你预估所有作业花多久才能完成，这样你就能主动安排出更多的时间做你喜欢的事。"我和孩子设计的时间管理表格有三列，第一列是

"预估时间",第二列是"实际时间",第三列是"我安排的事情"(具体内容见表1)。

表 1　时间计划表

预估时间	实际时间	我安排的事情

我们约定,每天下午3点放学回家后,第一件事情填写"预估时间"和"我安排的事情"。具体怎么安排,交给孩子决定,她回家可以先休息一会儿,再安排写作业,也可以先写作业,再安排娱乐时间。这个过程,是为了让孩子掌握时间概念,并且,让她在实践中感受"时间都去哪儿了",以及1小时她可以做哪些事情。

最后,为了支持孩子培养习惯,孩子的父母、孩子和我一起建立了微信打卡群,孩子坚持打卡每天写时间管理计划,孩子的父母和我也分别给自己设定了一个需要努力才能实现的目标。

妈妈的目标是每天坚持为家人做一次饭,减少点外卖的次数。爸爸的目标是每天利用开车时间听付费商务课程60分钟。我的目标是坚持每天阅读一章书籍。我们约定每天坚持在微信群打卡,为孩子加油打气,互相支持。我们还约定,如果孩子坚持打卡一个月,她就能获得最期待的一份礼物。

这样坚持了两个多月后,妈妈给我反馈,孩子逐渐能够在下午3点放学后形成习惯,首先安排自己的时间,然后再按照计划执行。除了期中考试那几天,孩子几乎都能在10点前完成自己的作业,还能去朋友家玩儿一会儿。

帮助这个家庭培养孩子时间管理能力的过程中，孩子父母和我以及孩子都收获了自我成长。

但我使用同样的方法，在帮助小学高年级的孩子时却遇到了挫折。高年级的孩子逐渐进入青春期，已经适应了小学的生活节奏，准备迎来初中的生活。这个阶段的孩子不只关心学习，他们开始更加关注学习以外的生活，比如开始追求自己喜欢的歌星，戴着耳机听自己喜欢的音乐，组队玩儿电子游戏，花更多时间跟朋友相处等。

对他们来说，学习已经不是生活的全部，因此时间管理对他们而言，不仅仅是安排学习时间，他们更在意拥有更多自己的时间，去关注学习以外的生活。对于小学四至六年级的孩子，父母帮助孩子培养时间管理的习惯时，需要注意以下三点。

第一点，充分调动孩子做计划的积极性，避免对孩子使用命令的语气。尽量少说："你今天必须在晚上 10 点前完成英语作业。"这样的语气容易引起孩子严重的逆反情绪。你可以这样问："周六下午你有五个小时的自由时间，你想干点什么呢？我们可以帮你做什么？"

父母多提问，鼓励孩子从更全面的角度思考如何有效安排时间。需要注意的是，千万不要拿时间管理作为借口，强迫孩子把时间都用来安排学习，这样的心态会让孩子对父母不信任，甚至反感。

第二点，扩大时间管理的范围。小学高年级的孩子能支配的时间其实并不多，大部分学校以外的时间，都被安排了各式各样的课外辅导班。在这种情况下，父母需要和孩子强调，这个阶段他们不仅要管理好写作业的时间，最重要的是对作业以外的时间进行管理。建议父母不要经常唠叨，否则孩子可能为了反抗父母，故意怠慢学习。

第三点，帮助孩子安排时间可能行不通了，父母最好只是协助孩子实现他自己的安排。高年级段孩子的思维能力从形象思维逐渐过渡到抽象思维。建议父母多引导孩子思考，如"在执行计划的过程中，你可能会遇到什么问题，你计划如何解决？"

比如，我之前接待过一个六年级的女孩。她说："我特别希望能安排周末的时间，但妈妈总会管我，替我安排。"我就引导她思考"该怎么扭转这个局面"，"如果问题解决了，你会怎样过周末，让双方都满意"。于是引导孩子做出了自己心中的周末时间安排表。孩子最终决定和妈妈正式谈话，让妈妈给自己一周的时间，充分信任自己，同时也邀请妈妈担任自己时间管理的小助手，保证周末向着让双方都满意的结果前进。

11. 如何让孩子养成良好的作业习惯？

从事家庭教育服务这么多年，我发现了一个有意思的现象：无论孩子是刚进入小学一年级，或者小学快毕业，甚至是已经上初中了，父母都会咨询各种和作业相关的问题。比如，"孩子不愿意写作业怎么办""孩子写作业磨蹭怎么办""孩子写作业发脾气怎么办"等。遇到这类问题，我通常会问父母："你们在孩子刚上小学时，用了什么方法来帮助孩子建立良好的作业习惯呢？"他们往往答不上来，或者简单地回应一句："写作业的良好习惯……不就是先写作业才能玩儿嘛,不能一边玩儿一边写,还有什么好习惯呢?"

可见,很多父母对于什么是良好的作业习惯并不太清楚,觉得孩子写作业就像大人工作一样,自觉完成就行了,能有什么讲究呢?但其实,帮助孩子建立良好的作业习惯有一套科学的方法。这些方法,是建立在对孩子心理发展的规律有充分认识的基础之上的。如何更好地帮助孩子建立良好的作业习惯,可以分为以下四个步骤。

第一步,写作业前做好充分的准备。很多父母要求孩子一回家就在餐厅写作业,但不出几分钟,孩子不是忘了拿课本就是忘了拿铅笔,或者不停地问父母"这道题是什么意思""那道题怎么做啊",或者作业很快就写完了,结果一检查却漏了好几项作业。这些问题都是因为孩子在写作业前,没有做好充分的准备。

为了培养孩子良好的作业习惯,父母需要帮孩子做好以下三方面的准备。

首先,准备写作业的空间。写作业前,父母可以陪孩子一起布置写作业的空间,这个过程可以理解为预热,帮孩子做好心理准备。毕竟大部分孩子都把作业当成一份苦差事,写起来不太情愿。如果孩子在房间里写作业,你可以把孩子的房间分为两个空间,一个是作业空间,一个是娱乐空间。

作业空间包括书桌、文具和其他同作业有关的物品,把这些物品集中在一个固定区域,不要散乱在家里的各个角落,在需要的时候还得花很多时间寻找。同时,孩子的桌面要保持干净整洁,只放写作业必备的文具、书本、计时器等。

娱乐空间包括玩具、课外书籍、吃的、喝的等,写作业前提醒孩子要把所有玩具放在娱乐空间，这样能帮助孩子减少干扰，避免分心，培养孩子专注的作业习惯。

其次，确定什么时间开始写作业。父母可以和孩子提前约定，在一个固定的时间开启作业任务，比如固定在放学回家后半小时，或者吃晚饭前一个小时，或者晚饭后。很多父母希望孩子一回家就赶紧写作业，但孩子在学校学了一整天，身心疲惫，渴望回到家放松一下，就像父母忙碌了一整天后想在沙发上躺一躺是一样的。

之前我服务过一个家庭，学校为了安全起见，不允许学生下课在走廊或操场追跑打闹，甚至不能去其他楼层。妈妈知道儿子平时好动，所以写作业前让儿子先去小区楼下和其他伙伴痛快地玩儿上半小时，孩子玩儿完回家后，写作业竟然更专注了。如果家里有二宝的话，可以让两个孩子都在同一个时间点开始写作业，营造写作业的氛围。

最后，准备相关道具，提高作业完成效率。对于小学低年级的孩子，父母需要提供更多的支持，常用的三个道具分别是作业清单、时间计划表和便签贴。

作业清单，是指孩子当天所有的家庭作业和学校作业清单，孩子写完作业可以使用清单检查是否漏写作业。

时间计划表可以培养孩子的时间概念，具体可以参考前文讲到的时间管理的内容。

便签贴是为了标记孩子不会做的题目，写完作业后父母在同一时间为孩子解答，这样孩子就不会时不时地找父母帮忙，从而降低写作业的效率。高年级段的孩子也可以根据自己的需要选择道具。

在形成良好作业习惯的初期，父母可以给孩子制作一个打卡单，孩子的作业空间布置好了，可以在打卡单上画一个钩；按照约定时间写作业,继续打钩;作业道具都准备齐了,也打钩。如果这三步都做到了,父母可以给孩子奖励一个小贴画,并真诚地夸奖孩子。贴画集够数量,父母可以兑换部分奖励,或者实现孩子的一个心愿。

第二步,在写作业的过程中,尽量减少干预。很多父母对孩子独立写作业不放心,可能会不时地去孩子房间,趁送水果的机会看看孩子是不是偷着玩儿,或者变着花样提醒孩子"你这握笔姿势不对""你坐姿不行,头抬高一点",其实这样的做法会严重影响孩子的专注力,而且很可能会引起孩子的反感。

如果你很担心孩子的坐姿不对会影响视力,可以在作业准备阶段做好功课。比如,可以购买一个预防儿童近视的写字矫正器,这样孩子在写作业期间,你就不用经常提醒了。

其实大部分父母最担心的是没有监督,孩子写作业会磨蹭,比如偷偷玩儿一两个小时。这时候父母需要冷静分析原因,如果孩子真的不会做,上课没认真听讲或者听不懂老师说什么,那么父母需要考虑给孩子补课、请家教老师。如果作业都会做,孩子只是纯粹地磨时间,我给大家分享一个清华大学的妈妈应对孩子磨蹭的小秘诀。当她发现孩子有磨蹭行为时,她会根据作业清单,和孩子一起预估需要多久完成作业,比如预估两个小时,妈妈会多给孩子半小时,孩子需要在两个半小时内完成作业。作业时间一旦结束,妈妈会和孩子一起亲子阅读、玩儿游戏、做手工等。

你可能会好奇,如果孩子没在约定时间内完成作业怎么办?这个妈妈的做法非常果断,作业没写完,当天晚上和第二天早上,孩子都没有机会补作业了,孩子需要自己去学校向老师解释原因。

虽然这个办法听起来有些不近人情,却很管用。这个方法能够成功的关键在于两点。其一，父母事先根据孩子的真实能力，预估合理的作业时间，而不是根据父母的主观意愿要求孩子尽早写完。其二，孩子写完作业，父母安排了一些吸引孩子的娱乐活动，比如亲子阅读、玩儿游戏、做手工等。如果你发现孩子有类似问题，可以试试这个办法。

如果孩子在约定时间内写完作业，你可以给孩子奖励一个小贴画，并真诚地夸奖孩子："太棒了，孩子，你今天在约定时间内写完作业了！你对自己的评估越来越准确啦，这个自我认知的能力太牛了，妈妈很佩服你。"

第三步，写完作业后，帮孩子养成检查作业和收拾书包的好习惯。这种情景，大家应该比较熟悉：孩子终于写完作业，于是放飞自我，一边吃零食，一边看电视，一边玩儿游戏。你去孩子房间一看，桌上铺满了乱糟糟的书本、作业本、铅笔等，一片狼狈，这时候你会怎么做呢？心疼孩子，直接帮孩子收拾干净？还是把孩子从愉快的游戏中拉回来，让他自己收拾？

我建议父母在小学一年级就要帮助孩子养成良好的习惯，写完作业需要先独立检查，然后收拾书桌，把明天需要用的物品放进书包里。如果孩子能独立检查作业，没有遗漏，继续在打卡单上画钩，奖励孩子一个小贴画。如果孩子收拾完书包，继续在清单上打钩，也可以获得一个小贴画。孩子每天可以用贴画兑换玩儿游戏的时间，比如一个贴画兑换 5 分钟玩儿游戏的时间，或者看电视的时间。

第四步，及时的鼓励。新习惯的养成对任何人来说都不容易，所以在养成习惯期间，孩子特别需要父母及时的积极反馈，帮助孩子在这个过程中获得成就感、愉悦感和自主感。

给大家分享一个案例,这个妈妈是我见过的非常有智慧的父母,我们可以一起来学习一下。她是这样鼓励孩子的:在每次开始写作业前,妈妈会和孩子共同合作,在一张纸上画一座大山,他们一起给这座山取名叫"香炉峰"。接着,妈妈在山顶贴了一个象征胜利的小红旗,山脚下放一个乐高小人,之后从山底到山顶,画出和作业数量相同的台阶。只要孩子完成一项作业,这个小人就能前进一步,这个乐高小人因为孩子的努力,一步步往上走,直到最后登顶,孩子的作业也完成了。

每次登顶,妈妈就热情地夸奖孩子,孩子因为得到了妈妈及时的反馈,从写作业这件事中获得了巨大的成就感和愉悦感。

听到这个妈妈的案例,你是不是也想回家试一试呢?

前两章谈到的动力激发和习惯养成，是孩子学习状态和效率的保障，但要想让孩子顺利完成学习任务，我们也要注重孩子学习能力的培养。

我们收集过很多父母的焦虑点，被问得最多的问题，就是孩子的注意力不集中怎么办。而专注力的训练是一个专业的系统训练，是专门针对有注意力缺陷的儿童。但是，在我们进一步了解了许多孩子的情况之后，发现孩子注意力不集中的背后，可能并不是发育的问题，而是教育方式的问题。因此，我们给大家列举了实操可用的培养孩子专注力的方法。

另外，孩子的记忆力、语言表达能力和逻辑思维能力的发展也是相当重要的，通过生活中的一些方式方法，就可以提升孩子的学习能力，寓教于乐，让孩子把学习当成像游戏一样有趣的事情，他才会学得更轻松。

学习能力的培养这个部分，需要父母深刻理解孩子的发展阶段，以及身心发展的特点，对自己的孩子有一个清晰、完整的了解，从而根据孩子的具体情况，有策略地训练孩子。父母要做的，重在给孩子提供发展能力的环境，觉察和调整现有的教养方式，助力孩子能力的培养。

第三章

学习能力

01. 如何培养孩子的专注力？

说起孩子的专注力，父母的脑海中可能会浮现各种各样的画面：比如孩子在家写作业不专心，不是玩儿橡皮就是玩儿铅笔。明明半个小时的作业量，孩子花了 2 小时都写不完，一直磨蹭到都要睡觉了，孩子还是没办法集中注意力把作业完成。为什么孩子做事情总容易分神，不能保持专注呢？在我们揭开这个谜底之前，先来看看到底什么是专注力。

心理学家认为专注力和孩子的注意力稳定性有关，注意力稳定性是指把注意力集中在一个特定事物上，而且不受干扰因素影响的能力。这种能力能让注意力始终集中在一件事情上而不转移，比如，有人主动选择去喧闹区读书，就是为了训练自己在学习时不受外界干扰，在任何时间和场所都可以很好地学习。

大量调查研究表明，在不同的年龄段，孩子注意力的稳定性是不一样的。小学一二年级的孩子持续注意力时间是 15 分钟左右。小学三四年级，孩子做一件事情大概能持续 20 分钟。小学五六年级，他们的持续注意力时间为 20~25 分钟。初中以上的孩子，做一件事情能维持 30 分钟以上的注意力。

有好多家长抱怨孩子做作业不专注、上课不认真听讲，主要是因为孩子注意力的稳定性不好。有的家长听到这个规律,可能会产生疑问了,比如,"我家孩子才上小学二年级,他喜欢玩儿乐高,每次都能专心玩儿1小时以上呢。但写英语作业连10分钟都不能坚持,这个怎么解释呢?"

首先,我们需要回到注意力稳定性的概念上,它是说孩子把注意力集中在刺激性不强的任务上,比如上课听讲或者写作业,这对有些孩子来说刺激性就不太强。

其次,孩子的专注力还受到兴趣爱好、动机、努力程度等多种因素的影响。

我们都知道,做感兴趣的事情能让人感到快乐,所以你会发现孩子在做他喜欢的事情时,他的专注程度远远高于他做不感兴趣的事情。比如,你让孩子玩儿1小时的手机游戏,他可能会嫌时间不够,但是你让他做10分钟的作业,他可能就没办法集中注意力了。

除了兴趣爱好以外,孩子的专注度也会受到动机的影响,比如你和孩子说:"快把作业认真写完,写完了我带你去看电影,或者给你变一个神奇的魔术。"这样能够激发孩子写作业的动力,他们更容易保持专注。

另外,专注力也会受到孩子努力程度的影响。比如高三的孩子,他已经有一个明确清晰的大学目标,很渴望实现它,那么他就会付出大量的努力,并保持专注力。

了解了专注力的概念后,你可能会产生好奇,在小学阶段,父母应该如何培养孩子的专注力呢?我们分享三个小秘诀给大家。

第一,通过挖掘孩子的优势智能,培养孩子的专注力。如果父母想提高孩子的专注力,需要在平时仔细观察孩子的兴趣,挖掘孩子的优势，因为孩子在做喜欢的事情时，更能保持专注。

我之前接待过一个家庭，小男孩上小学一年级，性格内向害羞，去任何的集体环境，几乎都不主动和人说话，但他对建筑特别感兴趣。接近一年的时间，几乎每到周末，孩子都要求父母带他去欣赏奥林匹克塔，每次他都会选择一个不同的角度，把奥林匹克塔用绘画的形式记录下来。

就这样一年去了十几次，孩子都不觉得厌烦。父母一开始不太能理解，一个地方去这么多次，大人都已经厌烦了。但父母发现孩子很擅长画画，对建筑很感兴趣，每次画建筑时都能在他脸上看到专注、陶醉的表情，很多老师也说这是他的优势，需要好好挖掘培养。因此无论春夏秋冬，只要孩子提出来想去奥林匹克塔，父母都会满足孩子，孩子在奥林匹克塔下专注画画，父母就在孩子身边耐心陪伴。

不仅如此，每次寒暑假，父母为了培养孩子的优势智能，会主动带孩子去全国不同的城市，帮助孩子了解不同的建筑风格，用画笔记录各种各样的建筑。妈妈告诉我，从幼儿园到现在，坚持陪伴孩子两年后，他们发现孩子的专注力非常高，学校也经常向父母反馈，孩子上课听讲非常认真，几乎从来不走神。在家里写作业同样如此，父母从不唠叨孩子，孩子的作业几乎都是自觉完成。

以上案例中的父母，通过挖掘孩子的优势，并创造各种机会让孩子安静专注地画画，培养了孩子的专注力，让人佩服。

第二，当孩子投入一件事情时，不随意打断孩子。我相信，所有父母都希望培养孩子专注的品质，但大部分父母的做法却严重破坏了孩子的专注力。比如，孩子正在房间专心写作业，父母一会儿敲门问孩子渴不渴，一会儿问孩子热不热，一会儿又问孩子要不要吃点水果。

又比如，孩子正在乐高的奇幻世界里自言自语地对话，父母多次过来提醒孩子要记得收拾好玩具，这种做法打断了孩子原本连贯的思路，严重破坏孩子的专注力。因此，当孩子正投入一件事情时，无论是写作业还是玩耍，父母最好不要反复提醒或者唠叨。

听到这里，你可能会产生疑问，比如孩子正在认真玩儿游戏，我想提醒孩子吃饭，该怎么做呢？

先分享两个案例，或许你能从中找到解决问题的思路。去年暑假我带小侄女去亲子乐园玩儿游戏，看到一个小男孩正在专心玩儿蹦床，他的妈妈想让孩子从游乐场出来喝点水，于是站在成人看护区大声喊："快出来喝点水，看看你，玩儿得满头大汗！"小男孩玩儿得正开心，都没有扭头看妈妈一眼。妈妈反复多次提醒，见孩子不出来，就生气地冲进游乐场，让孩子立刻停止玩儿蹦床。小男孩不愿意出来，妈妈干脆拖着孩子的手臂，把他拽了出来，于是小男孩在游乐园里大声哭闹起来。

这个妈妈其实是出于好心想提醒孩子喝水，但孩子玩儿得正开心，妈妈突然打断，孩子当然不愿意配合。

与此同时，再给大家介绍另一个妈妈的做法，让我非常佩服，至今印象深刻。她家两个孩子正在专注地玩儿积木，准备建一座古代城堡，玩儿得正高兴，这时妈妈给两个孩子买的小甜点也到了。这位妈妈看见孩子玩儿得这么有趣，先笑着夸奖孩子的创意玩法，然后对孩子说："我们要吃点心了，再给你们10分钟时间，抓紧玩儿，玩儿好积木放回原处。"说完就走开了。我看到两个孩子在最后的10分钟玩儿得更加起劲儿，到了时间，虽然不情愿，但也自觉出来吃甜点了，而且把积木也放回了原处。

这个妈妈也注意到孩子正在专注地玩耍，但她没有反复提醒唠叨，强迫孩子立刻停止游戏，而是首先夸奖孩子的创意玩法，使自己融入孩子的游戏小世界中，并给孩子提出明确的要求，给孩子 10 分钟的缓冲时间，这样孩子感到充分的尊重，就更容易接受妈妈的意见。

所以，如果你不想破坏孩子的专注力，但又不得不提醒孩子，可以先关注孩子在玩儿什么，然后再给孩子提出具体明确的要求，最后保持情绪稳定，到了时间温和地提醒孩子一次就行，不必反复唠叨，不断地提醒。

第三，创造帮助孩子专注的环境。对于小学生而言，他们的自制力比较弱，容易受到环境的影响，为了帮孩子集中注意力，父母需要创造让孩子能够专注的氛围和环境。

首先是孩子的作业环境。为了避免不正确的坐姿影响孩子的注意力，父母可以给孩子准备可调节的椅子，当孩子需要保持专注的时候，可以把写字桌的高度调整为站立模式；当孩子需要放松时，可以把桌子调整为座椅模式。这样孩子可以根据需要变换身体姿势，始终保持对一个任务的专注度。

其次是环境中的声音。父母可以用手机软件测量孩子房间里的声音强度，最大不宜超过 40dB，但也不需要做到鸦雀无声。

然后是环境的光线。房间保持明亮但不刺眼就行，父母可以根据孩子的个性调整房间的色温，如果孩子很容易兴奋，可以尝试把灯光稍微调暗一点，让孩子安静下来；如果孩子倾向于压抑自己，可以把灯光调亮一点，让孩子保持清醒。

接着是环境的温度。为了让孩子保持专注，原则是让孩子舒适最好。研究表明，让孩子舒适的温度一般是 18℃~24℃。环境温度过高，孩子容易焦躁不安。如果环境温度过低，孩子会感到情绪低落。父母可以根据实际情况调整室内温度。

最后要注意通风。定时给孩子的房间开窗透气，促进空气流通。新鲜的空气会让孩子的大脑有充足的氧气，缓解大脑疲劳，有效提高孩子的专注力。

02. 如何帮助孩子提升记忆力？

有一个小女孩，她从小就爱看书，入学之后，她不仅保持着爱读书的习惯，而且特别勤奋好学，每门功课都取得了优异的成绩。关键是这个小女孩的记忆力特别好，正是她超凡的记忆能力和对记忆力的锻炼与提升，让她几乎可以记住读过的所有书里的知识，后来她一直坚持学习，成了世界著名的科学家，她就是居里夫人。

我们可以看到，好的记忆力可以给一个孩子的人生带来很多增益。父母也特别希望孩子的记忆力好，这样可以减轻孩子学习的负担，提升考试的成绩，说到底父母最希望的就是孩子有一个好的未来。

在孩子的小学阶段，很多家庭作业需要父母来辅导，一提到作业，父母常说的一句话就是"不做作业，母慈子孝；一做作业，鸡飞狗跳"，尤其是在孩子做背诵作业的时候。

孩子一开始背课文，好像时间就变得煎熬了起来，"背了这句，忘了上句,记了名词,忘了动词"。如果是临近考试的时候,还会有更多的内容等着孩子复习,因为之前背会的容易忘记。父母一边为孩子的效率感到着急,一边又心疼孩子需要记那么多,还要担心休息时间不足会不会影响孩子的身体健康和第二天的学习精力。所以,为了让孩子快点背完课文,也为了让孩子在考前记住知识点,父母需要帮助孩子提高记忆效率。

而提高记忆效率,就是要用有效的方法帮助孩子锻炼和提升记忆力,这需要父母先了解孩子在小学阶段的思维发展和记忆发展的特点,再来选择合适的方法帮助孩子进行有效的记忆。

下面,我们先来了解一下孩子在小学阶段的思维和记忆发展特点。

思维方面,小学阶段的孩子抽象逻辑思维会慢慢发展起来,但还是会带有具体性的特点。我们来回想一下,语文课本中会有色彩鲜明的插画帮助孩子理解文字内容,比如,《村居》的配图就是儿童放风筝的春景图;而孩子在学习新的数学运算时,书上会有具体的实物来进行举例,比如"鸡兔同笼"的应用题等。

记忆方面,到了小学阶段,孩子已经可以做到有意识地去识记学习的知识。在小学低年级时,孩子会比较多地使用机械记忆,就是直接通过重复背诵来记忆,类似我们常说的"死记硬背"。而在中高年级时,随着认知水平的发展,孩子会比较多地使用理解记忆,就是在理解知识的基础上进行记忆。不管是机械记忆还是理解记忆,都对孩子的记忆和学习有着重要的作用。机械记忆可以帮助孩子逐字逐句地背诵,理解记忆可以帮助孩子加强知识的理解,两者相辅相成、互为补充。

接下来,我们就结合孩子思维和记忆的发展特点,一起来帮助孩子找到提升记忆力的有效方法。

第一，引导孩子尝试多种复述的方法加深记忆。小学低年级的孩子较多使用机械记忆，机械记忆主要使用的记忆策略就是复述。复述有两个要点，即大声朗读和边背边回忆。

心理学研究发现，大声朗读背诵会比不出声背诵的效率高 20% 以上。父母还可以让孩子边读边写，多感官的运用会让孩子的大脑更加活跃，让孩子更容易记住。

另外，也有心理学家做过研究，他们发现当孩子把识记和回忆结合起来的时候，孩子的记忆效果会增强，而且这个结合的比例应该是二八分，识记占 20%，回忆占 80%。这个研究结果是符合大脑的认知规律的，反复回忆，检验背诵效果，再重点去识记回忆不出来的部分，会大大提高记忆的效率。

父母在训练孩子记忆力的时候，不能一股脑儿地只是让孩子去记，而是要结合多种方式，可以一边大声朗读要记忆的东西，同时也边背边回忆。例如，孩子在背诵一首比较难理解的古诗时，父母就可以让孩子先大声读几遍，在熟悉了古诗之后，还可以让孩子读一句写一句，在背完整首诗之后，可以让孩子在大脑中回想一遍，再默写出来，发现哪个地方不会的话，可以再继续背。这样就可以清晰且牢固地背完一首新学的古诗。

第二，启发孩子使用理解记忆的方法提高效率。到了小学中高年级，孩子的认知范围越来越广，理解水平越来越高，记忆的方式也会从以机械记忆为主慢慢转变为以理解记忆为主。

理解记忆是什么呢？它不是简单的死记硬背，而是把需要记忆的东西，跟以前自己熟悉的、已经学会的东西联系在一起。

我们可以回想一下，一般什么样的东西能让我们很深刻地记住呢？一定是对我们有意义的，和我们的生活学习经验有联系的。比如，我们可以清晰地记住代表身份信息的18位身份证号码，小时候会觉得身份证号码是一长串比较难记的数字，而当我们理解了身份证号码的结构意义之后，就会记得很深刻。

那么，父母应该怎么让孩子学会使用理解记忆呢？这就需要让孩子把学到的新知识、背诵的新内容，与已经学会的知识或者生活经验建立联系，让孩子先理解内涵，再记忆文字，如联想记忆。

比如，孩子在学习词语时，会遇到很多同音的字，如"青"和"清"，所以在写"清水""清澈"等词语时，可能会忘记三点水而写成"青"，这时父母可以教孩子由三点水的结构联想到河流的流向，因此，与水有关的词语中就用带三点水的"清"字，不仅如此，像"江、河、湖、海"都是大自然中的水源，因此，它们的汉字结构中也都带有三点水。

再比如，孩子在背诵课文时，父母要先让孩子能够理解文章的大概意思，而不要一上来就要求孩子必须一字不差地背诵整篇课文，先让孩子按照自己的理解把文章的大意复述一遍，在理解课文大意的基础上，再去把细节的部分背诵下来。

第三，选择最佳记忆时间来记忆，及时复习来巩固记忆效果。孩子好不容易记住了词汇、公式，背完了古诗、课文，又要面临遗忘的考验。特别是在备考阶段，孩子不仅需要回忆较长一段时间内的背诵内容，还需要在较短时间内复习和记忆更多的学习内容，这该怎么办呢？其实，父母只要帮助孩子把握好时间和复习，问题就会迎刃而解。

已经有研究告诉我们，人在一天当中会有四个记忆力最佳的时段，包括上午 8~10 点，下午 6~8 点，起床后和临睡前的一到两个小时。父母可以跟孩子一起确定一个最佳的记忆时段来进行背诵，每天在固定的时间进行记忆，这样可以形成大脑的记忆活动规律，有效提升记忆力。

说到遗忘，我们都知道遗忘的规律是"先快后慢"，在学习新知识或者记忆新内容之后，大脑就会开始遗忘，这就需要孩子做到及时复习。

复习计划肯定是越频繁越好，最多每间隔一个小时就要复习一次，父母可以根据孩子的实际情况来调整。比如，孩子在今晚需要背完一首古诗，在能背出来之后，过几十分钟父母再让孩子背一次，晚上睡前再背一次，都是可以的。孩子回忆的次数越多，记忆的内容就越牢固。

第四，在生活中进行记忆训练，及时认可孩子，提升孩子对记忆的信心。在生活中，父母跟孩子相处时，也可以带孩子锻炼记忆力。父母要让孩子觉得记忆是一件很平常的事情，我们时时刻刻都在记忆。

带孩子出门或旅行时，父母可以让孩子主动关注一些交通、建筑、路线等信息，回到家之后，可以跟孩子一起回忆一下当天的经历，这能够锻炼孩子的情景记忆，丰富孩子的联想和想象。

对于孩子来说，记不住新知识、背不会新课文会很容易感到挫败。父母不仅要教给孩子正确的记忆方法，还要及时地鼓励和认可孩子。在学习和生活中，当孩子说起他与记忆有关的成功经验时，父母要及时地表达肯定，比如，孩子放学回家之后说起今天的语文课听写全对，或者记得上周去奶奶家时看到窗户上贴了新年的窗花等，父母就可以说："你的记性真不错，妈妈给你点赞，佩服佩服！"这样，孩子就会逐渐在记忆这件事上感到有信心，当父母再教孩子如何提升记忆力时，孩子也会更有耐心和动力。

03. 如何培养孩子的观察力？

很多人可能认为观察就是看，其实不然，观察是一种有计划、有目的的认识活动。比如我们走在大街上，看到车水马龙，人来人往，这不叫观察；但是如果你有意识地去看路上行人的穿着打扮、面部表情，看他们各有什么特点，这就叫观察。此外，观察也不单单是通过看，还可以通过听、闻、触摸等，是一种综合的感知。

观察力就是孩子通过观察获取知识、认识世界的能力。那么，观察力有什么重要作用，以及该如何培养孩子的观察力呢？

先说说观察力的重要作用。

观察是我们认识世界的开始。对小学生而言，观察是获取知识最主要的途径，因为小学生的思维还带有很大的直观形象性，也就是说，他们需要直接的观察和感受，才能理解并掌握知识。比如，如果你给小学生讲小孔成像，单纯靠讲，可能讲一天他也听不明白，但是你让他观察这个实验，他很容易就明白了，也容易记住。

小学生不仅通过观察积累知识，也通过观察发展思维。孩子通过观察，会得到很多信息和知识，大脑就可以对这些信息和知识进行分析、理解、记忆等，这就是思维。如果没有良好的观察，思维会因为缺乏材料而得不到很好的发展。而学习的重要目的之一，就是发展思维能力。观察好比蜜蜂采花粉,而分析、思考等是酿蜜,没有花粉就不能酿蜜,同样,不经过观察,我们就不能进行分析和思考。

观察力在小学生的学习和思维发展中如此重要,我们应该如何帮助孩子发展良好的观察能力呢?

第一,给孩子明确的观察任务,让孩子有目的地观察。观察是一种有目的、有计划的认知活动。如果观察漫无目的,也不会有什么观察结果。那么,怎么样才是给孩子明确的观察任务呢?就是父母要给孩子提具体的问题。

一位小学老师曾经做过一个实验,让两个孩子看同样一幅图画,第一个孩子,老师什么也没说,就只是让他看;而第二个孩子在看之前,老师会告诉他:"你观察一下,这幅图画是什么季节,里面的人在干什么,他们的心情怎么样。"过几分钟后,分别让这两个孩子描述一下他们看到的内容。第一个孩子只说了一句话:"图画里一些小朋友在打雪仗。"而第二个孩子说了足足有2分钟,详细讲述了雪下得有多大,那些小朋友怎么打雪仗,他们的表情和动作都是什么样的,他们的心情怎么样等。这就是因为第二个孩子有具体的观察目标,所以能观察到更多的具体内容。

在春暖花开的时候,父母可以带孩子去公园,训练孩子的观察力。父母不要笼统地问孩子:"说说你都看到了什么?"这样问,孩子会不知道怎么说,或者只能简单地告诉你,他看到了一些花草树木等。父母可以这样问孩子:"你看看这些花,它们都是什么颜色,都有什么形状呢?"孩子带着问题,有了明确的观察目标,就可能会蹲在花坛旁边,边看边说:"有红花,有黄花,还有蓝色的,哇,这里还有一些花,黄色花瓣的中间,有一小块黑色,还是蝴蝶形状的。有的花是散开一瓣一瓣的,还有的是一整簇的。"带着具体的问题,孩子就会观察得更仔细,能观察到很多细微之处,观察力也随之提升。

其实,父母随时随地都可以这样训练孩子的观察力,观察任何事物,都给孩子具体的观察目标,比如形状、颜色、大小、功能等。只有带着问题和目标去观察,孩子才能观察到更多细节,取得更好的观察效果。

第二,告诉孩子观察的方法。恰当有效的观察方法,可以提高观察的效果和质量。父母要教会孩子两个重要的观察方法:一是让孩子学会按照一定的顺序观察,二是让孩子学会综合运用各种感官进行观察。

首先要按照一定的顺序进行观察。如果观察没有顺序,那我们观察到的信息就是杂乱无章的,我们的大脑就很难对这些信息进行加工和记忆。孩子能不能有顺序、有层次地进行观察,是观察力发展水平的重要标志。

一位小学老师让同学们写一篇作文,介绍一个自己在暑假去过的地方。一个小朋友暑假去了好多地方,但是写了半天也写不出来,他说虽然看了很多景色,但是写的时候就感觉很乱、很模糊。这是因为孩子不会按顺序观察,大脑无法记忆也无法整理他看到的景色,所以,虽然去过很多地方,回来还是不会写。

后来,妈妈带孩子去了一个小公园,回来之后,他就写了一篇非常优秀的作文,非常清晰完整地介绍了他在公园的所见所闻,介绍了湖边的游人、湖面上的鸭子、天鹅、游船,水里的鱼,路边的花草树木等,以前是没话写,这次是写得停不下来。为什么这次会写了呢?原来,他们一进公园,妈妈就开始教孩子按顺序观察,先看左边的湖,让孩子由近及远描述看到的景色；然后再看右边的小路，一边走一边观察，从花花草草到参天大树，他们都一一观察、描述。经过这样有顺序的观察，孩子不仅记住了观察到的景色，也能清晰地把观察到的景色描写出来。

然后是运用多种感官进行观察。我们说观察是一种综合的认知，不仅要用到视觉，还要用到听觉、触觉、嗅觉等。用多种感觉器官进行观察，可以对所观察的事物形成全面、完整的认识，同时也可以加深对所观察事物的记忆。

比如父母只让孩子用看的方式认识苹果，那他就只能告诉你，苹果是圆的，颜色是红的，但是如果同时让孩子用到触觉，他就可以告诉你，苹果是硬的；如果再闻一闻、尝一尝，他就会告诉你，苹果闻起来是香的，吃起来是甜的。通过多种感官的参与，孩子就能对苹果形成一种全面的认知。

一个小学生曾经兴致勃勃地给我讲，他有一次跟老师去生物实验室参观的经历。在实验室里，他们用显微镜观察了洋葱的表皮细胞。他说，虽然已经过去很久了，但是他还能清晰地记着，显微镜下洋葱表皮细胞的样子。其实，这次对洋葱的观察，他就同时用了多种感官：在显微镜下看，是视觉；自己动手操作，是触觉；听老师讲解，是听觉。多种感官的综合运用，让他形成了非常深刻的记忆。

按照顺序观察和多种感官综合运用进行观察，都是非常重要的观察方法。通过有顺序的观察，孩子的大脑能够对观察到的信息进行更好的加工和记忆；通过综合运用多种感官进行观察，孩子能够对事物产生全面完整的认知，同时加深对所观察事物的记忆。

第三，训练孩子将观察和思考相结合。观察力较强的孩子，不仅能从观察中获取信息和知识,还能从观察中提出问题,产生思考,这是观察力发展的高级阶段。看到水蒸气把壶盖顶起来,瓦特会问为什么;看到熟透的苹果从树上掉下来,牛顿会问什么。我们说瓦特和牛顿的观察力很强,因为他们能从观察到的现象中提出问题。父母可以经常问孩子为什么,训练孩子将观察和思考相结合,从而提高孩子的观察力。

一个爸爸随时随地都在培养孩子的观察力。走在路上等红绿灯的时候,他会问孩子为什么交通信号灯是红绿黄这三种颜色;逛商场的时候,他会问孩子为什么很多商店都要放热情动感的音乐;去吃饭的时候,他会问孩子为什么快餐店的室内颜色跟咖啡店不一样。孩子一开始认为这些都是很自然的现象,但是通过查资料、问老师、跟爸爸讨论等,他从熟视无睹的现象中发现了很多隐藏在背后的道理,感觉非常开心。慢慢地,孩子也开始留心观察身边的各种现象,并且总能从观察中提出问题,比如为什么电影院门口会放按摩椅而餐厅门口没有;为什么井盖都是圆形的等,这都是孩子观察力更强的表现。

能从观察中发现问题,是观察力发展的高级阶段,这个爸爸用提问题的方式,培养了孩子敏锐的观察力,让孩子能从对现象的观察中产生思考,提出问题。

04. 如何培养孩子的语言表达能力？

我们都知道，语言表达能力非常重要，而小学阶段是孩子发展这项能力的重要时期。但有些家长呢，他们帮孩子发展语言能力的方法就是直接帮助孩子回答问题。比如在楼下遇到朋友，人家问孩子，今天早上吃的什么呀，父母就会说："宝贝，告诉阿姨，你说我们吃的小米粥和包子。"孩子就按父母说的再说一遍。

其实，这种做法会剥夺孩子发展语言表达能力的机会，因为每次孩子都不用自己组织语言，只需要重复父母的话就好了，这其实不利于孩子的语言发展。那么比较好的方法是什么呢？这里给大家两点建议。

第一，父母要学会引导孩子分享。比如，每天放学后，问问孩子，今天学校有没有发生好玩儿的事情呀？一开始，孩子可能也不知道怎么组织语言。父母就可以接着引导，比如玩儿了什么游戏，跟谁玩儿的，谁表现比较好等，通过回答一个个具体的问题，孩子就会回忆起玩儿游戏的场景，也会一点点告诉父母。在跟父母表述每天学校发生的趣事的过程中，孩子就发展了语言表达能力。

第二，父母要及时回应孩子的表达。有的孩子放学回来，喜欢主动跟爸爸妈妈说，今天在学校都有什么好玩儿的事情。这时候，父母要认真倾听，并积极回应孩子，这样孩子就会有兴趣继续讲下去。但是如果孩子说什么，爸爸妈妈没反应或者表现得很冷漠，孩子表达的积极性就会被打击，他就不想说了。所以，父母要学会积极回应孩子的话，让聊天变得愉快，久而久之，孩子就会在跟爸爸妈妈聊天的过程中发展语言表达能力。

05. 如何培养孩子的逻辑思维能力？

小学阶段是孩子思维发展的一个转折期，孩子从以具体形象思维为主逐渐过渡到以抽象逻辑思维为主。这两种思维方式有什么不同呢？

有心理学家曾做过一个实验，把一个宽杯子里的水倒入一个窄杯子中，水位变高，问幼儿园的小孩，水有没有变多，他们会说水变多了。但是小学生就会说水没有变多。

也就是说，形象思维只看到具体的现象，而逻辑思维能把握现象背后的本质。

逻辑思维对中小学生的学习至关重要。首先，逻辑思维是孩子接受大量知识的基础。在中小学阶段，需要学习的知识增多，如果这些知识都是以单个的形式存储在大脑中，大脑就会不堪重负，所以需要把同类事物存储在一个共同的概念之下，以概念形式存储知识，就是逻辑思维。其次，逻辑思维能力也影响孩子的学习效果。小学开始，孩子会学习很多概念、原理、法则等抽象知识，这些都需要逻辑思维的支撑。苏联著名教育家苏霍姆林斯基说，如果儿童没有学会思考，就谈不上获得知识。这里的思考，就是指用逻辑思维进行思考。

既然逻辑思维很重要，小学阶段又是其发展的关键期，那么，父母怎么帮助孩子发展逻辑思维呢？

第一，多带孩子去大自然中观察。苏霍姆林斯基认为，从具体形象思维到抽象逻辑思维过渡，需要借助大量直接的、具体的经验，而大自然中有各种鲜明的形象、色彩，孩子在大自然中可以积累大量直观经验，为思维发展奠定基础。

第二，在大量直观经验的基础上，引导、启发孩子学会思考。比如，一个妈妈在春天带孩子去公园里玩儿，他们看见各种花草树木，还有蝴蝶、小鱼儿等。妈妈问孩子："你看，春天万物复苏，咱们看到的这些都可以称为生物，你能根据看到的这些，说说生物是什么吗？"孩子想了一会儿说："生物就是能动的东西。"妈妈说："嗯，那你看水上漂的树叶也能动，它是生物吗？"这一问，孩子又开始思考了。过了一会儿他说："生物就是有生命的东西。"妈妈说："很好，但是怎么区分有生命和没有生命呢？你看看地上的黄沙和小草有什么区别。"过了一会儿，孩子忽然说："哦，我明白了！生物就是能自己生长的东西。"有生命，能自己生长，这是生物和非生物的本质区别，孩子在妈妈的引导下，终于得出了这个结论，这就是逻辑思维的过程。

逻辑思维是对事物本质的抽象的认识。希望父母都不要错过孩子逻辑思维发展的关键期。

06. 如何培养孩子的想象力？

爱因斯坦说："想象力比知识更重要。"培养孩子的想象力对孩子的学习和生活以及未来的发展都非常重要。孩子的想象力越好，学习就越高效，这是因为孩子在学习新知识的时候，可以通过想象来感受，在头脑中形成与知识相对应的形象，加深对知识的理解和认识。而更好的想象力也会提高孩子知识整合和创新的能力，让孩子在未来更有竞争力。

那么，父母该如何培养孩子的想象力呢？

第一，带孩子多体验生活，积累丰富的生活经验。孩子想象力的发展，可以从各种直接或间接的经验中得来，体验得越多，想象力就越丰富。比如，孩子去动物园看到了鸵鸟，脑海中就会留下鸵鸟的形象：小小的头，脖子又细又长，有翅膀但不会飞，等等。孩子看到的世界越多姿多彩，头脑中的积累就越多，就越容易产生更丰富的想象。

第二，广泛阅读。广泛的阅读能让孩子增长见识，接触更广阔的天地，激发想象力。在阅读的过程中，孩子能获得知识，并根据自己的经验，对书中的人物、情节、环境等产生个人的想象。许多文学作品本身就是想象力的典范，比如《西游记》就是一部非常具有想象力的作品。当孩子沉浸在书中时，往往能让自己的想象随着故事情节任意遨游，从而促进孩子想象力的发展。

第三，和孩子一起编故事。 被誉为"日本绘本之父"的松居直在《幸福的种子》一书中说："对孩子来说，故事是一个充满惊奇、趣味，可以激发想象力的世界。"

除了给孩子讲故事，父母也可以和孩子一起编故事，在这个过程中，父母扮演的主要是启发者和陪伴者的角色。父母可以把自己的经验、阅历融入故事中，让孩子来主导故事的发展，不管孩子的想象多么离奇，父母都要去鼓励他尽情地想象，这样才能充分发展孩子的想象力。

07. 如何培养孩子的创造力？

创造力是孩子适应未来社会最重要的竞争力，现在科技的发展日新月异，各种新事物、新思想层出不穷，为了让孩子更好地适应未来的社会，从小培养孩子的创造力就格外重要。

在谈如何培养创造力之前，我们得先知道创造力从哪里来。大量研究发现，富有创造力的人都有一些共同的特点。

（1）他们都有大量的知识积累。如果你对某个领域一无所知，那么创新就是无源之水、无根之木，知识的积累是创新的基础。

（2）他们经常在不同学科的交汇处找到灵感。比如很多人称赞乔布斯的创造力,而乔布斯却说:"我只是站在了科学与艺术的交叉口。"当他设计苹果手机的时候,把美的理念融合进去,这才有了苹果手机。

(3)他们都能够打破思维定式。思维定式本质上是一种对思维的束缚,当我们的思维被限制在一个固定的框框里面的时候,就很难创新了。

现在我们知道创造力从哪儿来了,但对孩子而言,一方面,他们的知识有限,很难在大量知识的基础上产生创新,另一方面,正是由于知识有限,思维有很大的灵活性,所以容易产生新想法、新点子。针对这些特点,父母可以从以下三个方面培养孩子的创造力。

第一,培养孩子在某一领域的浓厚兴趣。有学者研究了我国25位国家最高科学技术奖得主成功的原因,发现他们的创新领域,绝大部分就是他们的兴趣领域。很多孩子会上课外兴趣班,有的孩子还会在小学阶段就表现出对某一领域浓厚的兴趣,这时候,父母可以进一步引导孩子,支持孩子在这方面获得更长远的发展。

第二,培养孩子丰富的知识面。每个领域都有自己的思维方式,孩子有不同的知识面,就会有不同的思维方式,能从不同的视角思考问题。所以,父母要带孩子读万卷书,行万里路,让他们有丰富广博的知识结构,这样在以后遇到问题的时候,他们就容易从不同的角度思考问题,获得灵感。

第三,避免思维定式,保持思维的灵活性。孩子的思维是非常灵活的,但是如果父母经常告诉他,这个题只有一个标准答案,那就容易让孩子陷入思维定式。父母平时可以引导孩子多角度思考问题。

一个妈妈经常带孩子玩儿这个游戏。随便拿个东西,比如杯子,让孩子尽可能多地说这个杯子的用途。孩子刚开始可能只想到杯子能喝水，但当他的思路打开以后，他居然能说出十几种用途，比如养花、暖手、熨衣服、泡方便面等。类似这样的小游戏能很好地锻炼孩子的思维灵活性。

08. 如何用游戏中的方法让孩子学习成瘾？

让孩子对学习上瘾，这是大多数父母渴望的。我们都知道，过度玩儿电子游戏会让孩子沉迷其中，耽误学习，但是我们换个角度想一想，游戏中让人上瘾的方法能用在学习上吗？我们先一起来看一看电子游戏为什么能让人上瘾。

有人说因为游戏给人带来视觉美，有人说因为游戏互动很好玩儿，有人说因为能赢，其实这些都没有说到要点。比如，俄罗斯方块，大家都听过、玩儿过吧，这个游戏并没有人与人之间的互动感，也没有像现在的战术竞技游戏那样有丰富的视觉体验，而且这个游戏也不是每一局都能赢，每当方块堆到屏幕顶端的时候，都是以输为结局的，但依然有众多的人痴迷于玩它。那么游戏究竟为什么会让人上瘾呢？最重要的是，游戏总是给予玩家及时而正向的反馈。

在俄罗斯方块这么简单的游戏中，就有以下三种反馈。其一，声音的反馈，方块的每一次移动、旋转、落地都会有声音的反馈；其二，每消除一层方块的时候，玩家就会获得视觉的正向反馈，特别是一次消除四层方块的时候,这种消除危险的痛快感也是很好的正向反馈;其三,积分的反馈,每消除一行方块,都会获得相应的积分。

在其他的电子游戏中,我们也能收到各种金币、经验值的正向反馈,游戏中人物头顶上的经验值反馈随时可见。每当我们收到正向反馈的瞬间,大脑都会分泌"多巴胺"这种快乐的物质,这能让孩子上瘾,使他还想继续在游戏中获得这种快乐。

同理,如果孩子在学习中得到正向反馈,也能分泌这种让他感到快乐的多巴胺。比如孩子做完一套比较难的试卷,高兴地大声喊"做出来了",老师给予了肯定和赞扬。这时,大脑也会分泌多巴胺,一旦大脑分泌多巴胺,孩子就会想要继续在学习中再次获取这种快乐。

但实际情况是,孩子在学习中获得的反馈通常是少量的,或者不及时的,孩子平时学一个单词,做一道题,听一堂课,可能都得不到正向反馈,最终要到考试的时候才能收到反馈,而且还可能是负面的反馈。孩子在学习中得到的正向反馈很少的话,是很难对学习上瘾的。

所以,父母要学习电子游戏给玩家反馈的方法,不仅仅要在学习结果上给孩子反馈,更要做到在学习过程中给予孩子正向反馈,抓住每一个可以反馈的细节,及时地进行正向反馈,这就能让孩子在学习的过程中持续分泌多巴胺,最终就会对学习上瘾。

正向反馈具体如何去做呢?我们总结出最有效的三种方法。

第一个方法,口头正向反馈。游戏中的音效非常重要,口头反馈就像游戏中的音效,属于听觉上的正向反馈,这能让孩子感到振奋。比如在开心消消乐里边,游戏会不断给你正向反馈"good""great""amazing",也就是不断地在告诉你"好极了""不可思议""难以置信"等,这些都属于听觉上的反馈。

那么，在学习上怎么做呢？父母在孩子放学回家之后，问问孩子今天有什么收获，有哪些进步。孩子表达收获的过程就是给自己的口头上的正向反馈，父母听到之后也要给孩子口头上的正向反馈，比如告诉孩子："宝贝今天学习了算数，就可以自己去超市购物了。""宝贝的英语说得这么流利，明年爸爸妈妈带你出国玩儿，你就能和外国的小孩交朋友了。""宝贝，今天你这么高效呢，第一个完成了课堂作业。"

所以，口头正向反馈的核心就是找到孩子进步和优势的地方，持续不断地给孩子认可。无论是孩子掌握了一个知识点，还是孩子坚持的品质，父母都可以给孩子口头正向反馈。

第二个方法，运用身体动作进行正向反馈。这是指在视觉与身体记忆层面给予正向反馈。这有什么好处呢？特定的身体动作能唤醒积极开心的感受，这种正向的感受就是对学习的正向反馈。

比如，当我们获得胜利而感到开心的时候，喜欢做一个剪刀手的姿势，那么这个姿势就和胜利带来的感受连接在一起。每当我们获得胜利的时候就习惯用剪刀手的姿势，每当我们用剪刀手的姿势，也能唤醒胜利时开心兴奋的感受。

我曾经指导一家三口玩儿这样的一个游戏，叫作"会说话的身体"，游戏的规则是爸爸妈妈列出一些正面小短句，如"我很棒""我爱你""克服困难"等，让孩子选中一个，每个人轮流用不同的身体动作表示这个词汇，要求每个人的动作不能重复，动作最多的一方获胜。孩子非常喜欢这个游戏，孩子的点子也很多，在表演"我很棒"的时候，孩子拍拍自己的胸口，给自己竖起大拇指，高兴地跳起来大喊"耶"，摆出奥特曼的胜利动作，双手握拳表示自己充满力量，双手叉腰露出八颗牙齿和自信表情等。

在以上的游戏中，爸爸让孩子选出了自己最喜欢的动作，孩子选了一个在胸口握拳的动作表示"我能行""我充满力量"，这样孩子就把这个动作和充满信心的感受联系在一起。爸爸接着引导孩子，当孩子放学回家的时候、做完作业的时候、每一次学习突破自己的时候，就用这个动作表示"我可以""我能行"，孩子非常愉快地答应了。

孩子的身体通常比大人的身体灵活，只要父母给予引导，大多数孩子也擅长用身体动作给自己正向反馈。如果孩子经常用身体动作表达"我很棒"，久而久之，每次做这个动作的时候就会唤醒对学习的信心。

同时，父母也可以用一些简单的身体动作给孩子反馈。比如父母模仿孩子的动作，这会让孩子获得深深的认同感，这种认同感会让孩子的内心获得极大的满足；比如在孩子做出难题的时候，父母和孩子来一个击掌的动作，这个动作既能表达对成功的庆祝，又能和孩子一起分享成功的喜悦，这就是给孩子及时的正向反馈；另外，如果父母愿意，也可以自己设定一个独特的动作，这个动作只有你和孩子能懂，在关键时刻，运用这个动作给予孩子支持与肯定的正向反馈。

第三个方法，设置进步榜反馈。这是把视觉、听觉等各个层面综合起来给予孩子反馈。电子游戏运用的是加分与升级的制度，玩家随时能看到自己的经验值与积分，游戏通常从 0 分开始积累，只要做出一点努力就会增长积分。

而孩子的学习，大多数运用的不是加分制，而是减分制，考试是在满分的基础上扣除错题的分数，运用的是纠错和惩罚的手段，好让我们下次改正错误。游戏中的加分制让孩子感受到的快乐居多，而考试中的减分制让孩子感受到的痛苦居多。

有一位爸爸看儿子爱玩儿"王者荣耀"，特地研究了游戏里的段位。段位就是级别的一种表现方式,游戏中玩家从"倔强青铜"不断升级到"最强王者"共有 6 个段位,而每一个段位又有 1~5 个等级划分,每个等级有五颗星,赢得一次排位赛就能获得一颗星。

这位爸爸引导孩子把学习也分成了各种段位,分别是初级学童、霸气学民、优秀学长、至尊学仙、卓越学霸、荣耀学神。爸爸把各个段位用进度表的形式写在家里的小白板上,放在客厅显眼的地方。当孩子这学期学会了 100 个新字的时候就是"初级学童";学会了 200 个词语就成了"霸气学民";阅读 30 篇文章的时候就能升级为"优秀学长";阅读达到 50 篇文章再写 5 篇作文的时候升级为"至尊学仙"。以此类推,在进步榜上标注等级的名称与升级的条件,在进步榜的下方,爸爸写了一句话——每一次学到知识,就是对自己最大的奖励。

没想到这个方法让孩子的学习兴致大增,每学会一个词语,孩子都会在"初级学童"下面的方框上画一个对钩。孩子看到自己的进步清晰可见,非常开心,有时候会跟小伙伴分享:"我今天学了 20 个新词语""我的目标是荣耀学神"。孩子的分享过程,就是在给自己及时反馈;画对钩的过程、每天看见进步榜的过程,也是给自己及时正向反馈的过程;家里偶尔来个亲朋好友,夸孩子在进步榜上呈现的进步,也是对孩子及时正向反馈的过程。

这个方法与前面我们所讲到的分解目标原理类似,但是在分解目标的基础上增加了每一个小目标的正向反馈,进一步加强了学习的动力与趣味性。

在这里,我们也分享一下设置进步榜的规则。父母可以在刚开始的时候,让孩子比较容易晋级,快速获得正向反馈。如果刚开始太难,孩子就会产生自我怀疑,失去信心。之后呢,父母要根据孩子的实际能力设定挑战的难度,难度要在孩子能够努力达到的程度。如果挑战一直都太简单,孩子就会厌倦,失去兴趣。父母要根据等级的提升不断增加挑战性,像游戏一样,越到后面,挑战的难度也就越大,但是最终的难度也不能设置到孩子达不到的高度。

父母可以根据孩子的情况设置很多种类的进步榜,如数学进步榜、背单词进步榜、背古诗进步榜等。父母初步设定好进步榜之后,可以告诉孩子:"爸爸妈妈想记录你的成长,为你每天一点一滴的进步而感到开心。"这种方法是孩子非常渴望且乐意接受的。

09. 孩子不会写作文,怎么办?

一说到写作文,很多家长就会皱眉头。文文妈妈就因为孩子不会写作文,特别苦恼。每次看到文文坐在书桌边抓耳挠腮,写了擦、擦了写的样子,妈妈就会焦急不已。这种挤牙膏式的写作文,成为许多父母和孩子的魔咒。孩子写作文怎么就这么困难呢?

那么,要想让孩子能够写出好作文,父母应该怎么做呢?

第一,父母可以引导孩子经常给我们讲故事。孩子在写作文之前都会有看图说话的训练,这就是对孩子的理解和表达能力的培养,这些能力是写好一篇作文的基础。父母在生活中也可以利用生活中的素材,引导孩子给我们讲故事。比如,父母可以在和孩子共同看完一部电影或电视剧之后,问孩子:"你觉得下一集会演什么呀?如果你是导演,你觉得故事要怎么改?"孩子学会讲故事和编故事之后,写作文就变得容易很多了。

第二,养成读书的习惯。写作一定是来源于阅读的,孩子写作文也一定是从模仿开始的。父母可以陪孩子读绘本、读课文或者其他的阅读材料。父母的示范作用和陪伴对孩子习惯的养成是最重要的。逐渐让孩子喜欢上阅读,在写作文的时候自然就有素材可以用了。

第三,加强孩子的信心。如果孩子对作文有畏难情绪,那么孩子肯定是没信心的。让孩子多讲故事、多阅读,会给孩子增加信心。孩子在学习过程中,父母一定要帮他们看到自己的进步,鼓励和夸奖孩子,而不是老盯着孩子的劣势。只要孩子肯学,就一定会越学越好。

情绪在我们的生活中扮演着很重要的角色，培养孩子的情绪管理能力对孩子的身心发展都是很重要的。

我们在实践过程中发现，父母会遇到孩子多种多样的情绪难题，最主要的集中在孩子情绪爆发、脾气急躁、情绪失控等方面。这种时候，父母不知道该怎么办，讲道理孩子也听不进去，看着孩子一直在哭闹，发脾气，父母心里也跟着着急，最终可能还会用武力镇压的方式让孩子停下来，虽然这种方式有时候有效，但是下次遇到类似情况的时候，孩子的情绪反而会更加失控。

其实，孩子的情绪管理是需要父母的耐心引导的。孩子的情绪就像河流一样，如果父母非要拿东西堵住，实际作用是不大的，其结果要么是河流冲毁大坝，要么是孩子的情绪一直被压抑，最终出现更多的问题。父母要学会去倾听和理解孩子的情绪，承担起引流和蓄水池的作用，当孩子的情绪被父母接纳之后，父母自然就可以引导孩子解决情绪问题，孩子也可以学会如何更好地处理情绪。

情绪管理这件事说起来简单，实际训练起来可没那么容易。就像我们了解了健身知识之后，知道每天举重会锻炼肌肉，但是还需要实际训练才会有效果。所以，父母学会了情绪管理的方法之后，也需要不断地训练，才能在自己和孩子想要发火的时候控制住情绪。让我们和孩子一起锻炼"情绪肌肉"吧！

第四章

情绪管理

01. 孩子脾气急，怎么办？

在养育过程中，父母经常会遇到孩子脾气急、没耐心的情况。比如，孩子想要一个东西时必须马上得到，如果不行就开始哭闹；或者孩子正在做一件事情时，如果感觉自己做不好就不再坚持，还会乱发脾气。

当孩子的急脾气一上来，父母就想赶紧管管，别让孩子这么急躁，结果越管越急，父母的脾气也跟着爆发了，亲子关系也变得紧张。如果靠硬管让孩子暂时平静下来，从成长发展来看，可能会使孩子在青春期时的逆反心理更强烈。

所以，面对孩子的急脾气，父母要提供正确的引导，帮助孩子减少急躁情绪，培养耐心。

第一，用理解和耐心接纳孩子的情绪。当孩子发脾气时，父母可以先耐心地安抚孩子的情绪，然后跟孩子好好沟通，了解孩子发脾气的原因。如果孩子提出的原因是合理的，可以适当满足孩子的需要；如果孩子提出的原因是不合理的，要引导孩子共同商量解决方法。

第二，用鼓励和奖励陪伴孩子的成长。在孩子的急脾气过去之后，父母可以跟孩子约定在下次遇到同样的情况时，让孩子对自己多一些耐心和信心，努力做到自己想做的事情。当孩子做出改变时，父母可以通过奖励及时对孩子表示肯定。

第三，为孩子树立耐心的榜样。父母在生活中也要提醒自己遇事不急躁，耐心地等待或处理事情，这样会给孩子树立榜样，并且带来潜移默化的影响。比如，在游乐场中，孩子急切地想玩儿很多项目，但是好玩儿的项目都需要排队等待，这时父母要保持比较耐心的态度，可以跟孩子一起规划接下来的游玩计划，或者做一些孩子喜欢的事情来度过等待时间。

父母耐心地对待孩子，孩子就会耐心地对待自己。当孩子在通过自己的努力做一件事情时，不管孩子做得慢还是可能做不出来，父母都要给孩子足够的时间，耐心地陪伴孩子度过做这件事情的过程，而不是帮孩子做好一切。

02. 孩子总是因为小事感到不开心，怎么办？

我们有时会发现，孩子容易因为一些小事在比较长的一段时间内感到不开心，比如，有一次考试成绩不理想，上周因为迟到受到老师批评，前几天跟同学有些小矛盾等。孩子好像更容易记得让自己感到不开心的这些事情，所以经常闷闷不乐，从而影响了自己的情绪状态。

父母该怎么帮助孩子呢？

第一，父母要确认孩子遇到的事情是否真的是"小事"。孩子在情绪调节、应对压力等方面的能力还在发展中，加上自身的经验有限，有些事情可能从大人的角度来看是"小事"，但是从孩子的角度来看可能是第一次经历或者对孩子有重要的影响，并不是"小事"。所以父母要尽可能从孩子的角度来看待他遇到的事情。

比如，孩子因为在上课时没有回答出老师的提问而感到不开心，父母可以先从孩子的角度进行理解，也许孩子就是因为自己没有及时想出答案而生自己的气，也许孩子是因为有同学拿这件事嘲笑他而感到羞愧。在了解了原因之后，父母再对孩子进行引导。

第二，父母要理解孩子的情绪并给予孩子支持。在确定孩子因为一些事情感到不开心后，父母要耐心地引导孩子说出自己的想法和感受，也要向孩子表达我们对他的理解。在听孩子说完之后，父母就可以跟孩子一起面对遇到的事情，寻找解决问题的办法。

第三，父母要引导孩子及时地表达和调节情绪。在生活中，父母可以教孩子一些缓解情绪的方法。比如，在感到不开心时可以告诉父母，如果是在学校，孩子可以先把事情写下来，或者跟信任的老师或朋友说一说；父母也可以跟孩子一起做一些他喜欢的事情来调节心情，包括听听音乐、出去运动等。

如果父母希望孩子可以保持比较愉快的心情，还可以跟孩子在一段时间内一起做"每日开心打卡活动"，每天晚上父母和孩子互相分享一件在当天感到开心的事情，这会培养孩子关注开心的习惯。

03. 孩子哭闹要买东西，父母应该满足他的要求吗？

前不久，我遇到一位妈妈，她说孩子的手表已经有七块了，还想买手表。她每次和孩子讲道理，说："你一次也用不了八块表呀！"孩子就哭着闹着，说："我没有小熊图案的手表！我就要买新的！"

很显然，这个孩子的要求是无理的，那么父母该如何拒绝孩子呢？

第一步，首先让孩子感受到足够的关注和重视。 父母可以先告诉孩子"你的需要我知道了，妈妈知道你真的很想要"，然后再给孩子一个拥抱，避免直接拒绝带给孩子伤害。温和的态度会让孩子更容易接受界限和拒绝。

第二步，树立界限，让孩子意识到不合理的需求是不被满足的。 父母可以与孩子一起分析、判断他的要求是正常需要还是额外想要：如果没有手表用，就属于"正常需要"，是合理的要求；如果孩子已经有了各种功能的手表还要买，就属于"额外想要"，属于不合理的要求。对于不合理的要求，父母要学会对孩子说"不"，不纵容孩子养成用哭闹去获得的习惯。同时，父母要和孩子说清楚拒绝他的理由，不去责备孩子。

第三步，引导孩子转移注意力，平复情绪。 当父母已经和孩子说完理由之后，如果孩子继续哭闹，父母可以在一旁等待他平复情绪，也可以带孩子离开诱惑物。孩子的注意力被转移之后,情绪也更容易平复。

04. 孩子玩儿游戏不能接受失败,怎么办?

龙龙妈妈最近有一件烦心事,她说 8 岁的龙龙特别争强好胜,就连玩儿个游戏都必须要让自己赢。比如跟爸爸下棋,龙龙为了赢经常耍赖,如果有一局输了,就会非常生气地把棋盘掀了,还会大哭大闹。龙龙为什么输不起呢?父母该怎么引导孩子呢?

对于孩子输不起的原因,父母首先要知道,孩子有一定的好胜心是正常的,但是过于争强好胜,不能接受失败,就不是一个好现象了,因为成长路上不可能没有挫折和失败。孩子输不起,一般跟父母有意无意的错误引导有关。如果父母追求完美,对孩子要求很严格,甚至在孩子出错时严厉批评或惩罚,孩子就内化了父母对自己的要求,他会认为犯错和失败是不能被接受的。此外,很多父母总拿自己孩子的短板跟别人家孩子的长处比较,孩子就会认为,只有那个优秀的自己是被接纳的,而那个平庸和失败的自己是不被认可的。久而久之,自己也不能接纳自己的失败和平庸。

要帮助孩子扭转这种心理,父母可以从两方面入手。

第一,父母要给孩子无条件的爱。也就是说,不能只有孩子表现好、听话或者取得好成绩的时候爱孩子,当孩子的表现一般甚至不如别人的时候，父母也要爱孩子、接纳孩子，这是无条件的爱。这样慢慢地，孩子就知道，即使"我"表现不好甚至"我"失败了，爸爸妈妈还是爱"我"的，"我"还是值得被爱的，他就不用一直用胜利来换取父母的爱和认可。

第二，父母要在游戏中教会孩子面对失败。还是以下棋为例，爸爸不能总故意输，也不能总赢，一个好办法是先输后赢。爸爸输的时候要给孩子示范自己怎么面对失败，比如保持乐观，调整策略，更加努力等，孩子看到爸爸不把失败当回事，自己失败时也就会效仿了，这时爸爸还可以帮助孩子分析原因，并适度鼓励孩子。时间长了，孩子就能坦然面对失败，还能学会从失败中总结经验教训，不断进步。

05. 如何感知孩子的情绪？

父母要成为孩子的情商导师，首先需要觉察到孩子的情绪。那么，父母该如何感知孩子的情绪呢？

首先，我们用一个简单的自我测评，帮助各位父母朋友了解自己的情绪感知能力。

在生活中，最考验父母情绪管理能力的时刻，恐怕是在孩子或自己愤怒的时候。作为家长，你是怎么应对的？因此这个小测验以愤怒情绪为例，测量各位的情绪感知能力如何。

小测验包含两部分内容：第一，你允许自己释放愤怒情绪吗？第二，对愤怒情绪，你都有什么样的想法？

下面有几个描述，大家可以感受一下。

（1）我能感受到各种不同的愤怒。

（2）只要我有一丁点儿不高兴，人们都能看出来。

（3）如果别人有一丁点儿生气，我就能感觉出来。

（4）对我而言，发怒的过程就像释放蒸气，让自己的气压渐渐降低。

（5）愤怒让我充满能量，它给我动力，让我解决问题，而不会被问题打败。

（6）对我而言，愤怒和恐惧相伴而生。如果我感到愤怒，那是因为我有一种不安全感。

如果你觉得自己很认同以上这些观点，那么你很有可能是一个情绪感知能力强的父母。

下面还有一些描述。

（1）我要么平静，要么火冒三丈，很少出现中间情况。

（2）情绪是很私密的，我尽量不去表达它。

（3）被别人看到自己发怒，是一件很丢脸的事情。

（4）对我而言，发怒的过程就像一个不断增压的过程，很难停下来。

（5）对我而言，愤怒意味着无助和沮丧。

（6）一个健康的人是不会愤怒的。

如果你觉得自己更认同上面这些观点的话，那你可能需要在感知愤怒情绪这方面再下点功夫了。

你可能会好奇，为什么感知孩子的情绪如此重要呢？

其实，感知孩子的情绪是父母成为情商导师的基础，父母对孩子进行情商教育，最重要的就是能感知孩子的情绪。而要想感知孩子的情绪，父母需要对孩子的情绪保持敏锐的感知力。当孩子出现某种情绪的时候，父母要及时发现并认识这种情绪，这样才能更好地帮助孩子应对这种情绪。

下面将具体分享四种实用的方法，帮助父母提高感知孩子情绪的能力。

第一个方法，写情绪日记。想要更好地感知孩子的情绪，父母首先要对自己的情绪变化敏感一些。写情绪日记就是很好的方法。这样做能让你对自己每时每刻的情绪更加关注，同时也会更敏感地预测当孩子遇到某类事情时，可能会产生哪种情绪。父母对孩子情绪的来源越了解，就越能更迅速、更正确地感知到孩子的情绪。

情绪日记怎么写呢？

首先可以制作一个情绪表格，在表格的第一列写上不同的情绪词汇，比如幸福、骄傲、爱、被爱、紧张、悲伤、伤害、反感、愤怒、怜悯、厌恶、自责、嫉妒、后悔、羞辱等。

表格的第一行写上日期，比如周一、周二、周三、周四、周五、周六、周日。这个表格可以记录你一周内出现的各种情绪，配合情绪清单，你还可以写详细的日记。

详细的情绪日记包括对以下四个问题的记录。

（1）你的感受是什么？
（2）这种感受背后的原因是什么？
（3）有这样的情绪时，你的感受是怎样的？你是感觉如释重负，还是感觉羞愧难当呢？
（4）你和别人说起过这件事情的起因吗？

同样，你也可以记录你对孩子的情绪有什么反应。情绪日记可以给对自己情绪感到害怕或者焦虑的人带来帮助。

此外，写情绪日记是为你的情绪贴上标签并记录下来的过程，也是帮你定义、接纳情绪的过程。那些看起来害怕、失控的情绪，当通过记录的方式呈现出来时，它就被界定了，情绪变得更加可控，不再那么令人害怕了。

对自己的情绪有良好感知能力的父母，能利用自己敏锐的觉察力来体会和处理孩子的感受，然而理解孩子的情绪并不是一件容易的事情。为什么呢？

第一，孩子表达情绪的方式总是含糊不清，容易令大人困惑。

第二，孩子通常在表达感受时不是直接的，特别是年龄较小的孩子。比如4岁的乐乐，她有一个玩具娃娃叫爱莎，当乐乐的父母生气时，乐乐感到很害怕，乐乐可能不会说"我感到害怕"，但她会说"妈妈，你知道吗？当你生气的时候，爱莎真的很害怕"。

第三，孩子有时候会把情绪隐藏得更深。他们会通过玩儿一些包含严肃话题的游戏传递自己的情绪，这些游戏的主题可能是关于抛弃、生病、受伤和死亡的。此外,孩子还会通过其他的方式表达情绪,比如暴饮暴食、胃口不振、做噩梦、抱怨头疼或胃疼,或者尿床等。在这种情况下,父母可以尝试第二个方法。

第二个方法,把孩子的经历转化为成人相似的经历。这种技巧非常适合父母感觉很难与孩子共情的时刻,帮助父母理解孩子的感受。这句话听起来简单,但做起来并非那么容易,尤其当父母自认为生活阅历更丰富时,很容易轻视或者忽略孩子的感受,而这会让孩子原来糟糕的心情变得更差,觉得父母不理解自己,并认为自己的样子很蠢。比如,对于第一次经历宠物死亡的孩子来说,有阅历的父母会觉得时间会冲淡悲伤情绪,但对于第一次经历悲伤情绪的孩子来说,他从这件事情受到的打击比父母更强烈。

当然,父母的生活阅历无法凭空消失,但是请时刻记着:孩子是以一个更单纯、更脆弱、更缺少经验的个人在面对生活。对孩子来说,很多事情他们都是第一次遇到,受到的打击自然要强烈得多。这种时候,父母可以想象一下,如果自己最好的朋友突然离世,自己会是什么样的心情呢?

当父母认为孩子的情绪"没什么大不了"的时候,不妨用一下这个技巧,体会一下孩子的感受,也许你就不会再轻视孩子当时的情绪了。

第三个方法,通过游戏的方式观察孩子的情绪。很多孩子在表达自己感受的时候,往往不是很直接,父母可以通过游戏的方式,引导孩子表达出真实的感觉。

孩子一般非常喜欢角色扮演游戏,父母可以准备一些道具,跟孩子表演不同的角色,帮助孩子把情绪传递出来。如果父母想了解孩子在学校的情绪状态,那么可以假装家里的客厅是教室,邀请孩子扮演老师,父母和其他家人扮演学生,留意孩子在扮演老师的时候,情绪状态如何。如果孩子扮演的老师非常生气地指责"学生",那么父母可以用语言表达自己的情绪:"老师,你这样做,我很害怕。"

父母这么做能给孩子一个示范作用,让他明白,原来这种时候"我"是可以这样说出来的。

另外,当孩子有一些很深刻、自己无法表达的感觉时,可能会通过玩儿一些特殊的游戏来传递自己的情绪,比如最喜欢的玩偶"死了",或者类似兔子妈妈不要兔子宝宝了这样的主题。如果发现孩子忽然开始玩儿这类游戏了,父母就需要保持警觉,多观察孩子的状态,并适时地询问孩子,安慰孩子。

第四个方法,通过孩子的身体信号,觉察孩子的情绪状态。孩子的焦虑和紧张,有时候还可能通过身体的变化体现出来。比如孩子的饮食习惯突然有了很大的变化,以前吃得不多的孩子开始暴饮暴食,或是原本胃口很好的孩子开始吃不下东西,又或者本来好好的孩子突然开始频繁尿床,还会做噩梦、说胡话等。如果确定不是身体疾病的原因,那么父母一定要重视这样的情况,因为这往往意味着孩子已经有很大的情绪压力了。

最后,情绪的觉察并不是一件容易的事。最开始,父母可能并没有意识到自己的情绪已经出现了,经过别人提醒以后才发觉;但是经过刻意的训练(比如上文提到的情绪日记),就能学会更快地觉察自己的情绪。之前可能是和孩子生完气了才觉察到,慢慢地会发展到正在和孩子生气的时候就觉察到了,再进步一点,可能当火气要上来的那一瞬间,就能觉察到"我即将要对孩子生气了"。

训练自己的情绪觉察和调节能力是一个循序渐进的过程,不管是对于父母还是对于孩子来说,都不是那么容易的,但是经过刻意的训练,是完全可以提升的。

06. 如何正确倾听孩子的情绪?

父母要成为孩子的情商导师,需要感同身受地去倾听和认可孩子的情绪。这一点容易被很多父母忽视,大部分父母的习惯性反应是直接跳入解决情绪的步骤,但结果不仅不能解决问题,反而让孩子的情绪更加激烈。

为了避免孩子的情绪更加激烈,父母需要帮助孩子把情绪释放出来,这样孩子才能听进去父母的建议。就好像面对一个装满水的茶杯,父母需要先把里面的水倒掉,才能倒入热茶。倾听孩子的情绪就是倒掉水的过程,而给孩子提供建议就像给茶杯装满新沏的热茶。

心理学家认为,倾听孩子的情绪并不仅仅是用耳朵去捕捉信息。那么父母到底应该如何感同身受地倾听孩子的情绪呢?

第一,用眼睛去观察孩子的行为,包括孩子的身体语言、面部表情和姿势,捕捉他们情绪发出的信号。你一定见过孩子皱起的眉头、僵硬的下巴和不安的双脚,其实这些身体语言就是在告诉父母孩子的感受。同时,孩子也能读懂父母的身体语言。如果你希望放松、专注地和孩子交流,那么你也要有相应的姿态。跟孩子的眼睛保持在同一条水平线上,深呼吸,放松,专注。

父母对孩子专注,会让孩子觉得你把他的想法当回事,并愿意在这上面花时间。父母专注的身体语言会让孩子感受到你在认真地倾听。

第二,说出自己的观察,简单重复孩子的话。这种方法能让孩子知道你在很认真地倾听,并且认可他的情绪。比如,家里收到一个快递,是奶奶送给弟弟的生日礼物,哥哥很生气,大声抗议道:"这不公平,为什么弟弟总是有礼物?"很多父母遇到这种情况,会立马解释:"等你过生日时,奶奶也会给你寄来一份礼物。"尽管父母清晰地解释了这件事情的原因,但却忽视了哥哥的感受。哥哥可能除了嫉妒弟弟的生日礼物外,还会因为父母不理解自己的尴尬处境而生气。想象一下,如果爸爸说出自己的观察,并简单地做出回应,哥哥的感受会如何。

比如,爸爸说:"我听到你很大声地说'这不公平',你希望奶奶也给你一份礼物,奶奶送弟弟礼物让你感到有些嫉妒,对不对?"哥哥可能会想,"爸爸说得对,尽管今天是弟弟的生日,我应该大方一点,但我还是有点嫉妒,还是爸爸理解我"。爸爸首先说出自己的观察,重复了哥哥说的话语"这不公平",这会让哥哥觉得自己的情绪被认可和理解,这样做之后,爸爸再解释原因,或许哥哥更能听得进去。

第三,分享自己生活中和孩子相似的经历和感受。如果孩子发现自己的情绪父母也曾经有过,他就不会担心自己是不是出了问题,也会更愿意表达自己。像上面的例子,哥哥认为奶奶给弟弟买生日礼物,自己却没有,这有点儿不公平。这时,爸爸也可以说:"我小时候看到你姑姑收到礼物时,我也跟你一样,觉得很羡慕。"这样的话会让哥哥觉得,自己的这种情绪是完全正常的,是能够被认可的,连爸爸都有过这样的感受。一旦他感到被接纳，他就更愿意接受爸爸的理性解释，比如"等你过生日时，奶奶也会给你寄来一份生日礼物"。

第四，尽量不要直接问"为什么"，这样会有助于父母和孩子顺利对话。如果某天放学回家，孩子情绪低落，父母直接问孩子："你为什么感到伤心？"他很有可能一点儿头绪都没有，特别是小学低年级的孩子还没有足够的生活经验来帮助自己对情绪进行反思和总结。父母这样问，孩子嘴边可能没有现成的答案，他可能因为爸妈吵架而难过，也可能因为太累了，或者担心明天的钢琴独奏会，但他不一定能清楚表达自己的感受。在这种情况下，直接问"为什么"只会让孩子无言以对。此外，当父母问"为什么"的问题时，会带着"你不应该有情绪"这样的一个前提，会让孩子感受到自己的情绪不被认可和接纳。

最好的办法依然是说出自己的观察，比如"你看起来很累"，然后等待孩子做出回应。

第五，避免明知故问，特别是对于青春期的孩子。比如，"你昨天晚上几点回来的？""谁把灯打碎了？"这样的问句带着不信任的语气说出来，听起来像是一个圈套，好像父母在等着孩子撒谎似的。最好的办法是开门见山地说出自己掌握的情况，不要拐弯抹角，直接开启你们的谈话，比如"我知道你昨晚一点钟以后才回来的，这是不能容忍的"或者"我知道你把灯打碎了，我很失望"。

上面这五个小技巧，怎样在生活中运用呢？

疫情期间一个妈妈给我发微信，说他们在家闷了太久，女儿特别想念奶茶的滋味，于是妈妈带着二年级的女儿在家煮奶茶喝。制作奶茶的教程说，一杯好喝的奶茶需要 5g 的茶叶、10g 糖和 250g 牛奶。这位智慧的妈妈抓住生活中教孩子运用数学的机会，考孩子："孩子，我们多煮点奶茶吧。我们用10g茶叶,你来帮妈妈计算一下,10g的茶叶要用多少糖和多少牛奶呢?"

女儿兴致勃勃地算了半天,只算出了需要多少糖,但怎么也算不出来需要多少牛奶。于是妈妈就用开玩笑的口吻,笑话女儿是二百五。女儿听到妈妈这样说,当时就生气了,把算数字的笔扔到地上,双脚跺地,使劲乱甩两条手臂,还歇斯底里地哭。

这位妈妈虽然明白情绪管理训练的重要性,但她还是不太知道,当女儿这样发脾气时,妈妈到底应该怎么和孩子交流。所以,她慌乱地向孩子道歉,说她错了,不应该笑话孩子。但女儿的情绪还是无法平静,妈妈只有威胁孩子,再这样闹情绪就不给她煮奶茶了。

当天晚上,这位妈妈给我发微信求助,她说:"我知道这是训练孩子情绪的好机会,但我还是不知道具体怎么做,如何正确倾听孩子的情绪呢?"

我首先认可了这位妈妈的做法,因为她用眼睛观察了孩子的行为,捕捉到了孩子情绪发出的信号。她向我讲述孩子情绪的时候,也详细描述了孩子的身体语言、面部表情和姿势。并且,这位妈妈也没有直接质问孩子,比如直接说:"有什么好哭的,你为什么哭啊?"她如果能再做到前面说的第二点和第三点,即重复孩子的话语和分享自己的经历,就是非常厉害的情绪导师了。

这位妈妈听了我的建议后,在晚上入睡前,孩子情绪平和的时候,她在孩子床边准备通过聊天,再次尝试倾听孩子的情绪。她对孩子说:"我们制作奶茶的时候,妈妈考你数学计算,你很想算对需要多少牛奶,但怎么也算不出来,你是不是有点着急了呀?在你着急的时候,妈妈还笑话你,你着急的情绪就立刻升级,变成了愤怒,所以你伤心地哭了，是不是？"孩子点点头。

这位妈妈继续说："妈妈理解你，你的着急和愤怒都是没有错的，感受是没有对和错的。妈妈以前在学校，被老师点名起来回答问题，我答不出，同学在私下偷偷笑话我，我也非常难过。"孩子听了妈妈这样说，心情放松很多，并且主动跟妈妈分享自己在学校被嘲笑的经历，还和妈妈一起讨论应对策略。

我非常佩服这位妈妈的执行力，我给了她一些小的建议，她就立即执行了，不仅重复孩子的话语，还分享了自己类似的经历，她感觉和女儿的关系也更加亲密了。

07. 如何帮助孩子表达情绪？

父母要成为孩子的情商导师，还需要学会帮助孩子表达情绪。

这件事情很简单，但是非常重要，在孩子感受到不同的情绪时，父母可以给孩子的情绪贴上标签，更好地帮孩子表达情绪。比如，奶奶给弟弟买了生日礼物，哥哥感到不开心，爸爸为哥哥的情绪贴上了"嫉妒"的标签；妈妈因女儿没有算出需要多少克牛奶而嘲笑她，帮女儿识别出她有"着急"和"愤怒"的情绪，并帮助孩子表达出来。

为什么帮孩子的情绪贴标签这件事情非常重要呢？

首先，父母为孩子的情绪贴上标签，会帮助孩子把含糊不清、令人害怕、不舒服的感觉变成可以被定义的事物，孩子会逐渐认识到原来情绪的存在是生活中正常的一部分。每个人都会经历愤怒、着急、悲伤等情绪，这些感受没有对错，我们还能学习如何应对这些情绪。

其次，为情绪贴标签这个行为，对孩子的神经系统有安抚作用，能帮助孩子从不愉快的情绪中快速恢复过来。孩子在表达感受到的情绪时，需要调动掌控语言和逻辑思维的左脑，从而帮助孩子集中注意力，恢复平静。

最后，研究发现，在上小学前就能学会正确表达情绪的孩子，在情商方面更有优势，他们还表现出更好的专注力、更亲密的伙伴关系、更高的学习成绩和更健康的身体状况。

既然为孩子的情绪贴标签非常重要，在生活中父母该如何做呢？

首先，帮助孩子建立表达情绪的词汇库。孩子越能精确地表达出自己的感受，对情商的促进作用就越好。如何建立情绪词库呢？首先，父母可以在网上购买一套情绪词汇的卡片，或者自己在家和孩子一起制作情绪卡片，在每张空白卡片上写一个情绪词。当孩子有说不清、道不明的情绪时，父母可以帮孩子去情绪词汇库中寻找自己的情绪卡片，并表达出来。这样父母就能顺便教孩子识别不同情绪之间的区别。这里我们提供一些情绪的词汇库，供大家参考。

（1）当我们的需求得到满足时，我们的感受可能是开心、感动、幸福、自在、舒适、放松等。

（2）当我们的需求没有得到满足时，我们的感受可能是着急、紧张、绝望、伤感、生气、失望、内疚等。

需要注意的是，情绪常常会比较复杂，有时候孩子体会到的感受，无法只用一个情绪词汇表达。比如，孩子第一次离开爸爸妈妈，独立参加夏令营，他可能一方面感到骄傲，因为自己长大了，另一方面又担心自己会想家。所以，如果孩子同时有两种甚至多种不同的情绪也是完全正常的。父母可以逐一帮孩子把不同的情绪表达出来。

有一位妈妈对于情绪卡片的运用就非常到位，很好地帮助孩子表达了情绪，重建了和孩子沟通的渠道。

具体情况是这样的，她家孩子的语文成绩在班里一直不太好，但学校老师要求孩子每天阅读，并且打卡发给老师。前三天比较顺利，孩子基本上在30分钟内就可以流利读完一篇文章，第四天有些困难，但孩子也能勉强完成。第五天是星期六，孩子和妈妈说好了上午完成30分钟语文阅读，晚上去给姥爷过生日。

但孩子从上午开始就找各种借口，一会儿说头疼，一会儿说眼睛不舒服，不能按照约定认真阅读，因此没有完成打卡。妈妈非常生气，但忍住了，没对孩子发火。晚上去姥爷家过完生日后，孩子从9点开始阅读，一直读到10点种，也没有读顺畅。最后妈妈终于忍不住了，开始对孩子发火，数落孩子根本不想好好读，态度不认真。不仅如此，妈妈把最近很多孩子的问题，全部都拿出来一起说孩子。

看到妈妈发火，孩子就开始哭了，以前每次辅导孩子写作业的结局，最终都定格在"妈吼孩哭"的画面。妈妈实在没有办法，给孩子两个选择：第一个选择，孩子以这个态度反复朗读，晚上不能睡觉；第二个选择，端正态度认真阅读，就可以睡觉。

孩子选择了不睡觉，但坚持到晚上11点，孩子就困得不行，要求改成第二个选择，端正态度读书。妈妈开始配合她，帮她录音，结果第一句就读错，妈妈忍不住又生气地指责她，孩子直接大哭，又改变了选择，一晚上都不睡觉。就这样僵在那里，妈妈已经束手无策。她突然想起来，前几天我推荐给她的一套情绪卡片，想试试有没有用。

妈妈改变了态度，停止对孩子发火，也不再骂孩子阅读不认真。她拆开情绪卡片，全部摆在桌面上，让孩子从这些情绪卡片中，选择她现在的情绪。这是妈妈第一次和孩子玩儿情绪卡片，孩子不知道该怎么样选择。妈妈帮她表达："你不想读的原因是什么？是因为你觉得阅读没意思不愿意读，还是因为妈妈的态度不好？你感觉阅读无聊、单调，还是你对妈妈的态度感到生气、害怕？你可以从这些卡片中选几种情绪，代表你现在的心情。"

孩子很快从情绪卡片中找到了"害怕""紧张""难过"这三张卡片，然后小心翼翼地说："因为妈妈对我发脾气，对我发火，所以我才不愿意读。"妈妈看到孩子选的情绪卡片，顿时感觉有点心酸和后悔，对孩子说："好，妈妈配合你。我现在用好的态度对待你，你能认真读吗？"孩子点头同意了。妈妈再次帮孩子重新录音，结果七分钟就搞定，孩子朗读得非常流利，中间也没有错字、漏字。事后，孩子还自己主动把新学到的词语，又回顾了一下。

周末我和妈妈见面聊天时，妈妈说那天晚上她认真反思了一下，说："我用了三个小时的时间，去逼孩子读书，却不如最后的情绪沟通管用。我自己反思了一下，发现之前每次陪孩子读书打卡，我好像总在说她发音不准、生字总记不住、不懂也不问、不主动学习，我的语气基本都是指责。现在想想，我和孩子沟通时都是自己的主观想法，没有从孩子的情绪和她的内心需求考虑。其实孩子自己也想好好阅读，只是现在能力还不足，方法也不好。孩子心里也着急，但又无法表达出来，再加上我的指责，只能选择逃避和哭闹。以后我要多用情绪卡片的方式和孩子沟通，帮助孩子一起跨过这个难关。"

案例中的妈妈通过情绪卡片的方法，帮孩子为自己的情绪贴上标签，孩子的情绪得到了表达，妈妈也感觉她更能站在孩子的立场考虑问题，而不是一味地抱怨孩子的学习态度不认真。

其次，在帮助孩子建立情绪词汇库的过程中，要避免混淆感受和想法这两个概念。生活中，我们经常容易把想法当成感受。比如当我们说"我觉得""我认为"时，其实我们不是在表达情绪，而是在表达想法。

举一个例子，"我觉得我不是一个好妈妈"在这句话中，"我"是在评价自己是一个怎样的妈妈，而没有表达感受。如果我们要表达感受，可以这样说，"作为妈妈，我有些愧疚""作为妈妈，我烦透了""作为妈妈，我有些失落"等，这样的说法才是表达情绪，因为有"愧疚""烦透了""失落"等情绪词汇。

此外，还有一些词容易被混淆，它们也是在表达想法，而不是感受。例如，被误解、被拒绝、被忽略、被欺负、得不到支持、无人欣赏等。比如"被误解"，当我们说自己被误解的时候，想表达的是"我"认为别人没真正理解"我"，这个想法背后"我"的情绪可能是很着急。因此"我觉得我被误解了"表达的是"我"的想法，"我感觉很着急"才是在表达感受。

再比如，"我觉得我被忽略了"。"被忽略"也是一种判断，如果"我"想获得独处的机会，被忽略可能让"我"感到高兴。反之，如果"我"想参加活动，被人忽略就会让"我"感到难过。

所以，父母在帮助孩子建立情绪词汇库的同时，也需要教孩子避免把想法当作感受，从而准确表达丰富的情绪。

08. 怎样引导孩子解决情绪问题？

父母要成为孩子的情商导师，还需要学会如何引导孩子解决情绪问题。一旦这件事情做好了，那么孩子以后再遇到类似的情绪问题，就能学会独立应对了。

有一个二胎家庭的案例，两个孩子都是女儿。有一天，妹妹不小心撕坏了姐姐的作业本，姐姐感到非常生气，于是动手打了自己的妹妹。

遇到孩子的情绪问题，父母要怎么做呢？父母可以把情绪解决的过程，分为以下四个步骤。

第一个步骤，接纳情绪，但不纵容行为。首先，父母需要感知、认可并表达出孩子的情绪，把这次事件当作情绪训练的好机会。其次，明确告诉孩子什么是正确行为，什么是错误行为，错误的行为是不被允许的。这个过程，父母可以简化为帮孩子的行为划定界限。

父母需要让孩子明白，自己的情绪没有问题，出问题的是他们错误的行为。因为所有的感受和愿望都是可以接受的，但并不是所有的行为都是可以被容忍的。对父母来说，理解这一点非常重要。

那么，父母如何确定到底哪些行为是被允许的行为呢？父母可以在心中把孩子的行为分为三大类。

（1）父母希望并认可的行为。比如孩子最心爱的玩具被妹妹玩儿坏了，她能用语言恰当表达自己的情绪："妈妈，我非常生气，因为我最喜欢的玩具被弄坏了。"

（2）父母不认可但也可以包容的行为。比如，孩子因为感冒很难受而发脾气。虽然可以包容孩子的坏情绪，但需要让孩子明白，这样做是考虑到孩子的特殊情况，不是任何时候父母都能纵容孩子发脾气。还有一些是孩子的天性，比如一件干净的衣服穿在孩子身上，衣服会很快脏掉。虽然父母不认可这些行为，但也能容忍这些行为。

（3）无论什么情况，父母都不会容忍的行为。这包含一些伤害孩子自身或者对其他人构成危害的行为。比如孩子打人、骂人、偷东西等，这些是不能容忍的行为，父母要及时对孩子进行教育。

为孩子的不当行为划定界限的同时，父母也应该让孩子知道，遵守或者违反规定会有什么样的后果。好的行为会得到父母的肯定、赞扬、特权、奖励，不良行为得不到任何特权或者奖励甚至还会受到一些惩罚，比如在安全的环境里静坐反思，并且规定明确的静坐时间，等等。需要特别注意的是，在执行惩罚措施的时候，父母应该避免使用苛刻的话语、轻蔑的态度对待孩子，这会让孩子受到侮辱，觉得自己不被接纳。

比如，案例中的姐姐因为妹妹不小心撕坏了自己的作业本，她感到沮丧、生气，所以通过动手打妹妹的方式来解决情绪问题。对姐姐打人行为背后的情绪，父母要认同，并帮助孩子贴上情绪标签。在这样做的基础上，父母要让姐姐理解有些行为是不正当的，也是不被接受的。父母需要引导孩子想出其他更合适的办法来处理这些消极情绪。

对于姐姐，可以这样引导她："你很生气，因为妹妹把你的作业本撕坏了。如果换作是我，我也会很生气。但是你动手打妹妹就不对了，想想还有别的解决办法吗？"如果我们告诉孩子，她有权产生各种感受，但表达这些情绪的方式却是多种多样的，孩子的自尊心就会完好无损，她愿意和大人一起合作，找解决问题的办法。

这一点对于年龄较小的孩子非常重要，因为他们正处于规则形成的关键期，明确什么是正确行为，什么是错误行为，能帮助他们在今后的生活中更好地形成规则感。父母可以告诉孩子，他有权产生各种感受，但表达这些情绪的方式却是多种多样的。

第二个步骤，引导孩子为自己的情绪负责。针对孩子的情绪问题，父母可以问问孩子，他想得到一个什么结果呢？比如案例中的妹妹不小心把姐姐的作业本撕破了，父母需要引导姐姐为自己的情绪负责，比如父母可以说："作业本被撕坏了，你一定感到很生气吧。我们一起想想，以后怎么避免再发生类似的事情。我们以后写完作业，把作业本放在书包里收好，不让妹妹发现，你觉得这个办法怎么样？"父母通过引导孩子思考如何避免以后再发生类似的事情，从而帮助孩子学会为自己的情绪负责。

但是有些情绪事件，孩子很难自己负责，需要父母的帮助。比如孩子养的小仓鼠死了，最好的闺蜜去留学了，竞选班长再次失败了。这些情况下，父母需要帮助孩子接受现实，给孩子提供情绪上的安慰。

自己的情绪得到接纳后，孩子会逐渐恢复平静，这个时候，父母不应该认为问题已经得到解决了。父母需要更进一步，帮助孩子学习以后怎样应对类似的情况，这样，孩子才能得到成长，以后也变得有能力独立处理问题。

第三个步骤，和孩子一起寻找解决情绪问题的方案。对于小学低年级段的孩子,他们可能想不出不同的解决方法,所以父母很容易因为着急而替孩子包办,直接给孩子提供解决方案。但父母需要忍住这种冲动,不要急于把解决问题的主动权从孩子手里夺过来。而对于小学高年级段的大孩子来说,父母可以和孩子一起头脑风暴,尽可能多地提出各种解决方法。为了鼓励孩子,父母要尽量少说"不行",等孩子把方法都提出来之后,再进行讨论。

前文案例中的父母,提出了一个好办法,建议姐姐把作业本收好,这样就可以避免以后再发生类似的事情,帮助孩子找到了一个比较好的解决方案。对于一些更复杂的情绪问题,找出解决方案就没那么容易了,这时候就需要父母耐心地去协助孩子找到最佳解决方案了。

我们再来看一个案例。有一个小学二年级的小男孩,因为最心爱的玩具被学校的好朋友抢了,孩子踢了朋友几下,还动手打了几拳。如果父母直接问,以后再遇到玩具被抢怎么办,他可能想不出什么有效的解决方法。父母可以通过一些角色扮演的小游戏来引导孩子,用几个玩偶来演示同一个问题不同的解决方案,这样孩子就容易理解了。

比如,孩子扮演抢他玩具的朋友,爸爸扮演孩子,孩子抢走爸爸手里的玩具时,爸爸对孩子说:"我最喜欢的玩具被你抢走了,我很生气。这是我最心爱的玩具,如果你想玩儿,我可以跟你一起轮流玩儿,今天上午我先玩儿,下午我就给你玩儿。"这是第一种方法。

接着,爸爸继续扮演孩子,示范第二种解决问题的办法。比如,孩子把爸爸的玩具抢走了,爸爸假装用脚踢孩子,而且还用拳头打孩子。

这样,爸爸通过角色扮演的方式,给孩子亲身示范了两种解决问题的办法，而不是直接给出答案。

第四个步骤，评估可行性，最终确定一个解决方案。父母和孩子讨论出各种解决方法后，还要和孩子一起评估哪种方法可行。父母可以通过四个方面来评估这些解决方法的可行性。

（1）这个方法合理吗？
（2）这个方案会成功吗？
（3）这样做，安全吗？
（4）这样做，别人会有什么样的感受呢？

父母要引导孩子进行思考和对比，选择不同方法会有哪些不同的后果，孩子是否能接受这些后果等。比如，案例中的爸爸在和孩子做完角色扮演游戏后，可以问孩子："刚才爸爸表演了两种方法，下次如果你的玩具又被抢走了，你觉得用哪种方法会让你感觉更舒服呢？是和朋友轮流玩儿，还是用脚踢朋友，用拳头打朋友？如果你大声告诉朋友可以一起玩儿，朋友就能明白了。但是如果你打了朋友，万一你的朋友还手了，两个人都受伤了，朋友都做不成了，你准备怎么办呢？"

父母耐心和孩子沟通完之后，让孩子自己选择一个方案，这时候父母可以和孩子在家多演练几次。比如在上一次游戏中，孩子的玩具被爸爸扮演的小朋友抢了，他选择通过轮流玩儿的方式解决问题；爸爸可以继续和孩子玩儿角色扮演游戏，爸爸还扮演孩子的朋友，假装来抢孩子的玩具，这一次孩子勇敢地说："你不要这么做了，抢别人的玩具是不对的，如果你想玩儿，我们可以一起玩儿！"这样几次练习后，孩子就学会如何解决情绪问题了。

但是如果孩子还是选择了不太会成功的方法，先不要着急，虽然父母都希望孩子选择最合理的解决方法，但也需要明白一点，孩子需要在错误中学习。如果对孩子的安全没有影响的话，不妨也用角色扮演的方式让孩子去试一试。如果孩子失败了，父母再陪孩子尝试其他的解决方法，并不断总结方案的可行性。当孩子的情绪被接纳，并被释放出来之后，他自然会选择一个最合理的解决方法。

很多父母在现实生活中，为了避免麻烦，可能会选择跳过帮助孩子提出方案、讨论方案和最后做出选择的步骤，直接告诉孩子一个家长认为正确的方法。其实，这样做会让孩子失去一个从错误中学习的大好机会。父母鼓励孩子从方案中进行选择，既锻炼了孩子的情绪处理能力，也培养了孩子的解决问题能力。

09. 如何处理和控制自己的情绪？

经常听到有的家长说："孩子让人太不省心了，总是惹我发火，我就忍不住对他吼叫，过后往往又会后悔，觉得自己不应该对孩子那么凶，可下次遇到孩子不听话的时候，还是难以控制情绪，该怎么办呢？"

养育孩子不容易，要做一个完全不吼不叫的父母更不容易，父母首先要对自己有一颗宽容的心，在偶尔没有控制好情绪的时候，理解和包容自己，不必苛求自己做一个完美的父母。同时，父母也要认识到，只有学会有效地管理自己的情绪，才能给孩子树立一个好榜样，引导和帮助孩子更好地管理情绪。而父母保持稳定平和的情绪，也能给孩子创造一个更好的成长环境。

那么，父母要怎么管理和控制自己的情绪呢？

第一，觉察自己的状态，接纳自己的情绪。不知道大家有没有这样的经验？当你比较累、没有睡好，或者因为工作等原因而心情不好的时候，情绪更容易爆发。所以当父母感觉情绪升起的时候，可以试着先觉察一下，负面情绪是不是和自己的状态有关。

如果觉察到是因为自己状态不好，那么就需要先接纳自己的情绪，然后再用合适的方式疏导情绪，调整状态，比如，好好睡一觉，跟闺蜜打电话吐吐槽，让自己的情绪平复下来。这样，才能避免把不良情绪发泄到孩子身上。因为只有先坦然接纳自己的情绪，父母才有能力接纳孩子的情绪。

第二，找到情绪的触发点，反思引发情绪反应的源头是什么。父母可以观察和记录一下，孩子的哪些行为容易触发自己的情绪？比如，是两个孩子打架的时候，还是孩子玩手机不肯放下的时候？是孩子写作业拖拉磨蹭的时候，还是孩子哭闹不休的时候？如果父母常常因为孩子的某个行为而发火，这个行为就是你的情绪触发点，那么接下来就可以看看，为什么这件事会引发自己的强烈反应。

比如，一个妈妈说，她最受不了的就是孩子乱七八糟的屋子，每当她看到孩子不收拾房间，就忍不住想发火。后来她说，自己小时候妈妈对她要求非常严格，房间要收拾得一尘不染才能出门，所以她现在反过来要求自己的孩子,看到凌乱的屋子,耳边就好像听到了自己妈妈的斥责声一样。当这位妈妈找到自己情绪反应的源头后,就做出了一个选择,不再让小时候的经历影响自己现在的行为,后来她就能用更平和的态度和孩子沟通这件事了。

第三,改变认知,换个角度思考问题。仔细想一下,如果父母认为孩子的拖拉磨蹭是正常的行为,还会为他的这个行为生气发火吗?心理学上的情绪 ABC 理论告诉我们,真正引发我们情绪的,不是事件本身,而是我们对这件事的看法。所以面对孩子的行为,父母不妨改变一下自己的认知,换个角度思考问题,就能产生不同的情绪。

比如,父母看到孩子放学后不先写作业,而是去玩儿乐高了,就很生气,对孩子发火。发火的背后,父母的认知实际上就是"放学后应该先写作业后玩儿"。可是这究竟是不是一个合理的观念呢?事实上,对很多孩子来说,放学后先玩儿一会儿再写作业,效率会更高。一旦父母有了新的认知,自然就不会因为这件事而生气了。

第四,暂停行动,深呼吸,或者离开现场。在觉察到自己生气要发火的时候,父母可以先让自己暂停行动,深呼吸十次,缓和一下自己的情绪。为什么深呼吸会有效缓解情绪呢?这是因为人在生气时会身体紧绷、血气翻涌,这些反应又会增强愤怒感,而深呼吸可以让身体放松下来,身体放松会让我们的情绪变得更稳定、更平和。父母也可以让自己暂时离开现场,使自己的火气降下来,然后再去处理孩子的问题。

在家庭教育的实践工作中，我们发现，孩子遇到的学习问题、情绪问题等，背后常常隐藏着亲子关系的问题。

好的亲子关系会成为孩子学习的加油站，让孩子保持良好的情绪状态，助力孩子健康成长；而差的亲子关系会阻碍孩子的发展，甚至给父母和孩子都带来伤害和痛苦。

许多父母反映说，随着孩子渐渐长大，讲道理不再有用，孩子经常顶嘴，甚至跟父母吵架，亲子之间的矛盾、冲突越来越多。亲子沟通出现问题，常常是由于我们和孩子之间存在一些无效的沟通模式，包括吼叫、唠叨和说教、讨好和命令。

吼叫型沟通模式会让孩子感到委屈、害怕和生气，甚至怨恨父母；唠叨和说教型沟通模式会让孩子感到不被接纳和信任，甚至会互相批评、指责；讨好型沟通模式会让孩子养成唯我独尊的个性，无法培养孩子的自律和责任感；而命令型沟通模式则很容易扼杀孩子的自信心，降低孩子的价值感。

要避免这些无效的沟通模式，实现跟孩子的良好沟通，父母就需要觉察和反思自己，理解和倾听孩子，并付诸实践。多一分觉察，多一分理解，多一分行动，父母和孩子的沟通就会越来越顺畅，亲子关系也会越来越紧密。

心理学家大卫·埃尔凯特说："无论一个人的生活环境如何，当好父母，最基本的是要给孩子两样东西：根和翅膀。"父母和孩子之间稳固的亲子联结，就是孩子长成参天大树最深厚的"根"。

第五章

亲子沟通

01. 为什么讲道理的时候孩子听不进去？

前几天，我在商场里看到一个 10 岁左右的小男孩想要一个汽车模型，但妈妈不给买，小男孩就有点不高兴，站在那儿不走了。妈妈就说，"孩子，家里已经有很多玩具了，这个不是和之前那个差不多吗？这次先不买了吧。你买的玩具过两天就不玩儿了，这样很浪费的。"之后妈妈就这样说了很久，但小男孩看上去根本听不进去妈妈说的话。

为什么讲道理的效果不理想呢？

其实，孩子的大脑并不像成人那么完善。大脑中，杏仁核是情绪的中心，大脑额叶是计划和冲动控制中心，因为孩子杏仁核发育得比额叶更快，所以会更容易变得情绪化，容易受到情绪的影响。比如，小男孩想要买玩具却被妈妈拒绝之后，会有沮丧和失落的情绪，这时候孩子处于一种情绪绑架状态，是无法吸收妈妈讲的道理的。

那么，在孩子有情绪的时候，父母要怎么办呢？

首先，父母可以表达对孩子情绪的理解。孩子只有感受到被理解的时候，才会愿意听接下来的话。

其次，父母要表达对孩子的认可和支持。可以从一件事正向的方面去认可孩子，进一步传递对孩子的理解。

最后，父母就可以表达自己的情绪和想法了。也可以根据实际情况,和孩子共同商定一个双方都能接受的结果。

例如,案例中的妈妈就可以这样讲:"孩子啊,妈妈知道不让你买玩具,你会不高兴,有点失落。妈妈也知道你很喜欢汽车模型,也很支持你做自己感兴趣的事。但是我们刚刚买过一个类似的玩具,妈妈觉得这样买有点频繁,我们共同来商量一下买玩具的规则好吗?"

这个办法你掌握了吗?只有当孩子感受到被尊重和被理解时,我们的"道理"才会被孩子听进去了。

02. 孩子老是顶嘴,怎么办?

经常听到有家长这样抱怨:"老师啊,你是不知道我们家那个孩子,嘴上特别溜儿,你说一句他顶一句,仔细想想他说的还挺有道理,根本就说不过他。"

面对爱顶嘴的孩子,父母要怎么办呢?

第一,允许"顶嘴",但也要设立合理的界限。如果您家里也有一个爱"顶嘴"的孩子,首先我想恭喜您,您的孩子长大了,开始有独立意识了,这是我们培养他独立思考能力的关键期。所以,父母要理解和允许孩子"顶嘴",但这是无限度的吗?不是的。

我遇到过一位妈妈,学过很多育儿知识,觉得要对孩子无条件地允许。她对于孩子的"顶嘴"几乎也是完全的认可和接纳,觉得这是孩子的独特之处，是孩子有思想的表现。妈妈还经常拿孩子"顶嘴"的话去炫耀，一步步强化孩子的顶嘴行为。

有一次，妈妈就跟孩子说："我的宝贝儿子呀，你怎么学习成绩就老是上不去呢？"孩子说："还不是因为遗传了你们的基因，不聪明呗。"妈妈哈哈一笑，说："这么说还成我们的原因了？"孩子继续说："对呀，你们自己脑子笨，不也没像马云一样挣那么多钱吗，干吗天天要求我呀？多管闲事。"爸爸听到就有点生气，说："你这孩子怎么这么说话呢？"孩子继续顶嘴："我说的不对吗？你们基因不行，我怎么学习好？"旁边的家人就开始笑了，妈妈也说："你看我家孩子，懂得还挺多呢，还知道基因呢。"

其实，父母对孩子这样没有底线地允许是不合适的。我们也要给孩子树立界限，最基本的就是在表达自己的同时也要尊重别人。

当孩子的行为已经触及底线，不尊重父母或者伤害到别人的时候，父母要让孩子知道自己的行为会给别人造成什么样的影响，并且要怎么为自己负责。比如上文的例子，父母就要及时让孩子注意说话的方式，表达自己听到孩子那么说之后的感受，让孩子承担责任。比如"你这么说，妈妈觉得有点儿不太舒服，妈妈知道你不是有意的，但是你需要向妈妈道歉。"

第二，避免"还嘴"，要把对抗变成合作。 如果孩子顶嘴成了习惯，也是不合适的。大家可以回想一下，孩子什么时候会顶嘴？一般是父母和孩子之间有冲突、有对抗的时候。父母和孩子站的角度不一样，观点也就不一样。比如，父母让孩子少玩儿手机，孩子却说："凭什么你们大人就能玩儿？"如果父母还嘴："你个小屁孩还想管我们大人了？"孩子可能会和父母继续吵下去，即使表面上屈服了，内心也不是真服气。

父母在面对孩子顶嘴的时候,要试着直接表达出他顶嘴背后的想法和情绪,达成互相理解与合作。比如,父母可以说:"孩子,妈妈是在处理工作信息,并不是在玩耍,如果你需要妈妈陪你的话,妈妈也可以暂时放下手机。"

当父母看到并接纳了孩子顶嘴背后表达的需求,孩子自然也就不顶嘴,和父母合作了。

03. 孩子遇事不敢跟父母说,怎么办?

前些天一对父母找到我们,愁眉苦脸地说:"六年级的儿子在学校被人欺负了,回家也不敢告诉我们,后来其他同学把这件事告诉了老师,老师反映给我们,我们才知情。"孩子在外面被人欺负了,不敢告诉父母,这让父母很伤心,也很困惑——孩子为什么不敢跟自己说,为什么不信任自己呢?

家本应该是孩子最温暖的庇护所,父母本应该是孩子最安心的依靠。如果孩子在外面遇到麻烦的时候,不敢跟父母、家人求助,这其实是一个信号,说明我们家长和孩子的沟通方式出了问题。

父母平时在沟通中要注意哪些问题,才能让孩子愿意信任我们,有事敢和我们说呢?

第一，要及时关注和回应孩子的心理需求。父母都很爱孩子，但很多时候我们把更多的时间和精力放在了孩子的衣食住行上，却很少和孩子谈心，了解孩子心里的感受，甚至当孩子主动向我们诉说时，父母都会不自觉地敷衍孩子。

比如，孩子回家跟你讲了一个他的小烦恼，你却正忙着做家务或者想着工作的事情，心不在焉地应付一句。孩子是很敏感的，他会想："既然你不爱听我说话，那我下次就不跟你说了。"所以，父母要关注孩子有哪些心理需求，并认真地回应他，这样孩子遇事就会更愿意跟父母交流了。

第二，学会换位思考，站在孩子的角度考虑问题。孩子的心有时候很脆弱，在父母眼里是鸡毛蒜皮的小事，在孩子那里可能就如同天塌了一样，所以父母需要放下自己固有的一些思想，站在孩子的角度想一想，这个问题对他有什么影响，他会有什么样的感受。

比如，孩子回家说老师在课堂上冤枉了他，他很生气。有些父母第一反应是："嗨，这么点小事，有什么好生气的？"这样的反应就是一种武断、主观的反应，没有站在孩子的角度去思考和感受，孩子在父母那里得不到理解，以后有事就不愿和父母说了。

第三，正确对待孩子的错误。孩子都会有犯错的时候，当孩子在外面犯错了、惹祸了，父母的态度是暴跳如雷，还是接纳孩子的错误，教会他正确的处理方式？恰当的处理对建立孩子和父母之间的信任关系至关重要。

有个朋友说，自己小时候把别人家的玻璃打碎了，当时那家人让他带路去找他的爸爸，他吓得够呛，一路上一直哭。他爸看到后，并没有责怪他，而是跟那家人道歉赔偿，等那家人走了之后，他爸把他抱在怀里，安慰了他半天，说没事，知错能改就是好孩子。这件事让他觉得很暖心，跟爸爸的关系更近了，之后也和爸爸一直保持着良好的信任关系。要知道，当孩子犯错的时候，本来心情就已经很慌乱、很害怕了，这时，父母的宽容和恰当处理能让孩子感到安心，以后不管遇到什么事情，都更愿意向父母求助。

04. 批评孩子的这几种误区，你中招了吗？

批评孩子有几种误区，父母朋友可以先从下面两个方面自查一下。

第一，批评时"对人不对事"，否定孩子的能力和品质。我们经常听到有些父母这样批评孩子：

"跟你说过多少遍了，你怎么还是记不住，你这是什么脑子啊？"
"你怎么这么笨！真是一点用也没有！"
"你说你连这点儿小事也做不好，将来还能有啥出息啊？"

当孩子做错了事，父母在批评的时候，不是就事论事，而是针对孩子的能力、品质等进行否定、打击，甚至侮辱，这种"对人不对事"的批评方式会严重伤害孩子的自尊心，降低孩子的自我价值感，影响孩子自信心的建立。甚至有一些孩子直到长大成人后，回想起父母的这些批评、指责，还是会感觉难以释怀。

第二，批评时情绪激烈，对孩子大吼大叫。很多家长在批评孩子的时候，难以控制自己的情绪，对孩子大吼大叫，结果不仅达不到教育的效果，还容易引起孩子的逆反。

一个爸爸回家看到孩子趴在床上玩儿手机，可是作业还没有写完，就忍不住对孩子发火，批评孩子说："你整天就知道玩儿手机，对学习怎么一点都不上心？你要是现在不放下手机，信不信我给你把手机摔了！"没想到孩子也大声地回怼爸爸说："手机就是我的底线，你要是敢摔，我就跟你没完！"然后，孩子一摔门回房间把门反锁了，结果父子俩闹得很僵，几天都不说话。

孩子其实不是不能接受父母的意见，只是不能接受父母的态度。父母越情绪化，教育的效果就会越差。

另外，在批评孩子时，父母也要注意时间和场合。古人云：爱子七不责。在今天看来，这仍然是值得我们借鉴的。

（1）在大庭广众之下，不要批评孩子，因为这会让孩子失去尊严。

（2）在孩子已经为自己的错误感到惭愧的时候，就不要再批评孩子了。

（3）在晚上睡觉前不批评孩子，因为孩子带着沮丧失落的心情上床睡觉，会影响正常的睡眠。

（4）正在吃饭的时候不批评孩子。人的消化系统和情绪有很大关系，这个时候批评孩子，容易引起孩子肠胃紊乱。

（5）孩子特别高兴的时候不批评他，孩子高兴的时候经脉畅通，忽然被批评，容易让经脉憋住，对孩子的身体会有不好的影响。

（6）孩子哭的时候不要批评他，哭本身就是一种情绪的宣泄，父母要允许孩子痛痛快快地哭出来。

（7）孩子生病的时候不要批评他，生病是一个人最脆弱的时候，此时孩子更需要父母的关爱和温暖。

05. 怎样批评才有效？

在批评孩子的时候，怎样才能既达到教育的效果，又不伤害孩子的自尊心呢？这不仅是一门学问，也是一门艺术。在这里，我特别想给大家分享著名教育家陶行知先生的四块糖的故事。

有一次，陶行知在去开会的路上，看到一个男生用泥块砸另外一个男同学，赶紧前去制止，并让他放学后到校长室去。

陶行知开完会后，先去买了几颗糖，然后回到自己的办公室。那个男生站在办公室里等着挨训，可是陶行知却和蔼地掏出一颗糖说："这是奖给你的，因为你按时到了，并耐心地等着我来。"

接着，陶行知又掏出第二颗糖说："这也是奖励你的，我不让你打同学，你立刻住手了，说明你很尊重我。"男生疑惑地接过了两颗糖。

陶行知又掏出第三颗糖递给男生，说："你用泥块砸那个男生，是因为他欺负女生，这说明你很有正义感，应该奖励你。"

男生这时流着泪，说："陶校长，我错了，我砸的不是坏人，而是同学。"陶行知又笑着说："你已经认识到了自己的错误，再奖励你一颗。现在我的糖也没有了，我们的谈话也结束了。"

就这样，陶行知先生用小小的四颗糖，让这个男生意识到了自己的错误，这其中蕴含的批评的艺术值得我们去学习。

那么，具体来说，父母要如何正确地批评孩子呢？这里有三个建议，分享给大家。

首先，要保持冷静，平和地跟孩子沟通。在批评孩子的时候，我们千万不要对孩子大吼大叫，更不能给孩子贴上负面的标签，因为这样只能让孩子产生抵触情绪，批评就变得无效了。

比如，看到孩子只顾着玩儿，很晚了还没有写作业，父母的火气可能噌地就上来了。这时候可以先平复一下情绪，做几个深呼吸，或者去卫生间用冷水洗把脸，让自己保持冷静、平和，然后再去和孩子沟通。

其次，描述孩子的行为及其后果，表达自己的感受。当父母控制好自己的情绪后，就可以平静地跟孩子说："我看到都九点钟了，你还没有开始写作业，如果再不写的话，你就要写到很晚才能睡，我担心这样会影响你的睡眠，而且第二天上课也会没精神，作业写得不好还可能会被老师批评。"当父母这样说，就是对孩子的行为进行客观描述，同时让孩子意识到自己的行为带来的负面影响，在内心进行反思。

最后，发现孩子行为中的闪光点，激发孩子自己做出正确的选择。就像陶行知先生那样，虽然这个男孩有做错的地方，但是他敏锐地捕捉和发现了孩子行为中的闪光点，包括孩子的守时、尊重他人、有正义感，并真诚地向孩子表达了认可，孩子就会感觉自己是被信任和被肯定的，面对自己的错误，就更加愿意反思，做出正确的选择。

我们批评孩子的目的不仅仅是为了帮助孩子改正错误，更是希望孩子能朝着积极向上的方向发展，所以在批评孩子的时候，不妨挖掘一下孩子做得好的地方,让孩子对自己有更积极的认知和评价,孩子也会更有动力表现出更好的自己。

06. 跟孩子吵架了,怎么办?

在跟孩子相处的过程中,父母有时也会因为情绪"上头",难免跟孩子吵起来。其实,经历吵架对孩子来说也是一种成长,因为在人际交往中,争论和冲突是常见的现象。但吵架之后,父母对孩子的引导对孩子今后在人际交往能力方面的发展具有重要的影响。

那么吵架之后,父母应该如何对孩子进行引导,给孩子树立行动的榜样呢?

第一,吵架之后父母要先缓解自己的情绪。在跟孩子吵架之后,父母自己要先冷静下来,再思考如何引导孩子。可以回顾争吵的过程,站在自己和孩子的角度分别进行考虑,尝试理解孩子的想法和感受。

第二,要在吵架当天跟孩子平和地沟通。在吵架之后,父母跟孩子的沟通最好能在当天进行。如果长时间地采取冷处理,可能会让孩子觉得自己被忽视了,反而会更伤心了,更严重的是,孩子以后和别人发生矛盾或冲突的话,可能也会用同样的方式去逃避。

在沟通时,要跟孩子互相表达真实的想法。比如,父母跟孩子因为在放学回家之后是先玩儿还是先写作业吵了起来,父母可以先问问孩子想先玩儿再写作业的原因，然后再把自己的想法和担心告诉孩子，这样跟孩子相互理解，一起寻找解决的办法。

第三，父母要在沟通之后跟孩子互相表达爱。孩子和父母发生冲突，其实是希望父母能够理解自己、爱自己，所以在跟孩子沟通之后，父母要用爱的方式来化解冲突带来的影响。比如，父母可以和孩子真诚地互相道歉，送给对方一个爱的拥抱或者手工的小礼物；也可以陪孩子做一件他喜欢的事情，或者让孩子帮父母做一件他力所能及的事情。

父母和孩子通过表达爱来一起为吵架这件事情画上句号，这会减少双方心里对彼此的愧疚感，也会增进父母和孩子之间的关系。

07. 没忍住打了孩子，怎么弥补？

前段时间，我接到一位爸爸的咨询，他之前从来没有打过孩子，最多也就是生气的时候批评孩子两句。但是前两天，他刚回到家就看见孩子又在偷偷玩儿手机，也不写作业，他立马火冒三丈，对着孩子就是一顿骂，还把手机摔到地上，说："玩儿玩儿玩儿，整天就知道玩儿，都几点了还不写作业？"说着，还把孩子狠狠地推倒在地上，没忍住打了孩子。孩子一下子就被吓到了，趴在地上使劲儿哭。爸爸猛然意识到自己打孩子不合适，想把孩子拉起来哄一哄，但是孩子气冲冲地跑到屋里，不理爸爸了。

这个爸爸特别内疚，他因为工作的事情心情不好，看到孩子玩儿手机不写作业就更生气了，没控制好情绪打了孩子，特别担心给孩子留下心理阴影。现在孩子也不理自己了，他不知道该怎么再跟孩子沟通。

遇到这种情况，父母该怎么办呢？

首先，停止对抗，避免情况恶化。如果真的没忍住打了孩子，父母首先要做的就是停下来。打和骂都是因为自己很生气，在发泄情绪，如果父母能及时意识到这些并停下来，像案例中的爸爸一样，那就已经很好了。因为愤怒这种情绪是最容易升级的，孩子如果不理自己，或者和自己吵起来，可能会让愤怒升级，父母能在这时候及时压住怒火，避免情况继续恶化是解决问题的关键。

如果爸爸说："我今天还就是打你了，谁让你不听话。"这样就是和孩子继续对抗，想让孩子向自己屈服，会对孩子产生更大的不良影响。

其次，向孩子道歉，给孩子做好承担责任的榜样。当双方都冷静下来，也调整好自己的情绪之后，父母可以试着再去找孩子沟通。如果孩子不愿意沟通，那么他心里很可能是觉得委屈，不被父母理解，害怕等。此时可以说："爸爸意识到刚刚打你很不好，你是不是很委屈，很害怕？爸爸很心疼你，爸爸向你道歉，希望你能原谅爸爸。"父母表达出孩子的情绪，孩子感受到被父母理解的时候，自然会继续和父母沟通了。这是一个很好的教育机会，爸爸勇敢承认错误，让孩子看到每个人都会犯错，但是知错能改才是最可贵的。

最后，用温柔的方式对待孩子，减少对孩子的负面影响。孩子的身体都是很敏感的，而且会有记忆的，父母要及时去用温柔的方式对待孩子的身体，来减轻负面影响。当父母与孩子和解之后，可以轻轻地抚摸刚刚打孩子的地方，也可以抱着孩子，让孩子表达被打的委屈，当父母用温柔的方式接纳了孩子的情绪时，所谓的"阴影"也就减轻了。

08. 如何跟孩子设定规则？

前几天，有一位朋友跟我抱怨："我家孩子才五年级，好像就开始进入青春期了，之前都挺听话的，现在不行了。整天总按照自己的想法来，说好的规矩最后也不遵守了，还问我为什么要遵守。我该怎么办呢？"

随着孩子年龄的增长，父母的教养压力会越来越大，这是因为孩子在逐渐发展他们的自主性，但同时父母也要教会他们适应社会的规则。而适应社会规则的基础就在于帮助孩子在家里就树立规则意识。

那么，父母到底要怎么和孩子制定规则呢？

首先，父母和孩子要在一个互相尊重的基础上，共同商讨和制定规则。规则的设定不能只限制孩子，也要对父母有所要求。比如，父母设定了让孩子在10点之前睡觉的规则，相对应的，孩子希望父母睡觉前陪自己下一盘象棋，如果父母觉得合理、可接受，就可以写在规则里。

其次，破坏规则的惩罚要提前定好，如果有相对应的奖励也要说清楚。父母和孩子难免都会有不遵守规则的时候，而且孩子年龄小，自控力可能更差一些。当孩子不遵守规则时，可以和孩子沟通不遵守的原因，尝试理解孩子，询问孩子是否有苦衷，最终讨论出一个双方都能接受的解决方案。

另外，特别重要的一点是，父母不能随意地更改规则，或者无正当理由地违反规则，这样既会让孩子学会不遵守规则，也会让孩子对父母产生不认可的想法，对亲子关系有负面影响。

09. 移动支付时代，如何培养孩子的金钱意识？

前两天，超市里一对母子的对话让我印象深刻。儿子想买一个玩具枪，妈妈说："今天花钱太多了，不能再买了。"但儿子坚持要买，妈妈说："我们这个月的钱都快花完了，不能再买了。"谁知道小朋友却说："你用手机刷一下不就有了吗？"妈妈听完哭笑不得。

受移动支付的影响，现在的很多孩子都没有见过钱，更没有金钱概念。就像刚才那个小男孩，他总看见父母刷手机就能买东西，就以为手机里有用不完的钱，想买什么拿出手机刷一下就能解决。

那么，在移动支付时代，如何培养孩子的金钱意识呢？我们给父母三点建议。

第一，带孩子认识钱币。比如去超市的时候，父母可以准备一些纸币，让孩子拿纸币去结账，这样孩子就会知道钱可以买东西，初步建立起金钱概念。

第二，让孩子知道，钱是劳动换来的。霍启刚曾发微博说，自己的两个年幼的孩子通过帮父母洗车来赚取零花钱。这就是在培养孩子的金钱意识。此外，父母也可以让孩子做一些力所能及的家务，以此来换取零花钱，这样孩子就知道钱是劳动换来的。

第三，让孩子学会有节制地花钱。一个朋友做得非常好，每月初开一个家庭会，他们两口子会跟孩子公布这个月的零花钱预算，并说明，这些钱花完以后，谁再有想买的东西，就得等到下个月。这样时间长了，孩子每次想买东西时，就会问："妈妈，这个月我还能再买一个××吗？"孩子从来没有因为爸妈不给买东西而哭闹过，因为他知道花钱是有预算的，买东西是有节制的。

10. 四种无效的亲子沟通模式，你中招了吗？

在多年的家庭教育咨询实践中，我们发现有四种沟通模式会阻碍父母和孩子之间的有效沟通。

第一种无效沟通模式是吼叫型。在生活中，我们常常会看到父母忍不住去吼孩子。父母的这种方式会让孩子感到委屈、害怕和生气，甚至怨恨父母，导致亲子沟通受阻，亲子关系恶化。

我们曾经在咨询中遇到这样一个家庭，爸爸毕业于清华大学，妈妈毕业于复旦大学。孩子出生以后，父母对孩子的期望非常高，两个学霸的孩子，难道不应该是一个更厉害的小学霸吗？但没想到的是，孩子的学习成绩很一般，小学阶段在班里属于中等，到了初二之后，孩子的成绩就开始直线下滑，尤其是数学成绩，严重拖了后腿，常常连及格线都达不到。

由于爸爸妈妈工作都忙，在小学的时候孩子很少得到父母的陪伴，都是老人管得比较多。现在孩子的成绩不如意，爸妈着急了，于是爸爸决定充分利用自己的理工科优势来帮助孩子，每天下班后，爸爸就第一时间赶回家辅导孩子写作业。结果在辅导的过程中，爸爸有时候给儿子讲题，讲了几遍儿子都不懂，而且儿子在做作业时还总是心不在焉，为此爸爸的火气常常噌地一下就上来了，然后就忍不住朝着儿子一顿大吼。一开始儿子并不吭声，爸爸吼叫的时候他就默默地忍着，后来有一天终于爆发了，也朝爸爸大喊大叫起来。

在这个案例中，因为父母对孩子期望过高，爸爸在辅导孩子时也不自觉地以自己的标准要求孩子，而孩子很难达到，结果期望越高，失望就越大，同时，爸爸难以控制自己的情绪，大吼大叫，结果不仅没有让孩子的学习成绩变得更好，还破坏了亲子关系。

我们理解父母恨铁不成钢的心情，但是吼叫只会使矛盾升级，对于问题的解决没有任何帮助。尽管停止吼叫并不是那么容易实现，但是父母可以努力学习有效的情绪调整策略，通过日常生活中的练习来管理好自己的情绪。要知道，父母是孩子控制情绪的榜样，当孩子看到父母恰当处理情绪的做法，就会进行模仿和学习，也会更加配合父母，进而父母和孩子的沟通也会更加有效。

第二种无效沟通模式是唠叨和说教型。除了吼叫，唠叨和说教也是造成亲子沟通障碍的主要原因之一。

父母对孩子的唠叨，实际上是想表达对孩子的关爱。比如，父母会不停地催促孩子好好吃饭，天冷了会催促孩子多加一件衣服，孩子骑车上学了，会嘱咐他过马路要小心，等等。但现实情况却是，孩子从父母的唠叨中感受到的不是关爱，而是不被接纳和信任，甚至被批评、被指责。

为什么孩子会有这种感受呢？对孩子来说，他接收信息的通道是有限的，而父母的唠叨就是在不停地、反复地给孩子施加信息，当信息超载，超出孩子能承受的限度时，就会引起孩子的抵抗。

我们曾经问过一些孩子，当父母唠叨的时候他们如何应对。有的孩子说："就装听不见呗，她说她的，我干我的。"还有的孩子说："要是说得让我心烦，我就顶撞几句。"

显然，过多的唠叨和说教根本达不到父母的目的，只能让孩子心理上与父母的距离变得越来越远，更不愿意对父母敞开心扉。

有的父母可能会说，不唠叨、不说教，孩子不自觉怎么办？孩子做错事怎么办？我理解父母的担心，可是如果唠叨和说教不管用的话，为什么不寻求更有效的方法呢？其实，对孩子来说，当他感受到信任，感受到有尊严的时候，才会更自觉主动地做自己该做的事情。

第三种无效沟通模式是讨好型。有的父母为了保持和孩子的良好关系，就常常刻意使用讨好的语气和孩子说话，努力取悦孩子，总是怕孩子会不开心，所以就尽可能地满足孩子提出的各种要求，结果让孩子养成了唯我独尊的个性,也无法培养孩子的自律和责任感等品质。

有一次去一个亲戚家做客,大家一起坐在餐桌前吃午饭,他家10岁的女儿刚刚吃了几口饭菜,就从抽屉里拿出一个果冻大口地吃起来。我说:"孩子啊,饭还没有吃完,怎么开始吃零食了呢?"女孩说:"怎么了呀,我想什么时候吃就什么时候吃,谁也管不着我。"这时,女孩的爸爸在旁边赔着笑说:"这孩子就这样,你不顺着她吧,她就跟你闹,还是随她去吧,愿意怎么着就怎么着。"女孩瞥了她爸一眼,得意地说:"我老爸呀,你借他一百个胆,他也不敢管我。"爸爸用讨好的语气说:"是是,你就是我们家的公主,我们都听你的,我怎么敢管你呢?"看到这样的情景,真是让人感到无奈又伤感。

如果父母用讨好的姿态和孩子沟通,可能会助长孩子的一些不好的行为,更无法让孩子学会尊重别人,遵守规则,不利于孩子发展良好的品质。而且表面上是父母和孩子皆大欢喜,实际上是父母压抑了自己的需求,时间长了,父母可能会在某一天突然爆发,而导致亲子冲突更加激烈。

孩子需要父母的理解,同时也需要父母的正确引导。对于孩子提出的不合理要求,该拒绝的时候要懂得拒绝,并告诉孩子为什么拒绝,这样孩子才能逐渐学会理解父母,理解他人,学会平等地与他人沟通,这对孩子以后更好地适应社会也是有帮助的。

第四种无效沟通模式是命令型。 有的父母为了让孩子按照自己的意愿行事,常常说类似这样的话:"你给我听话!""你给我站住!""你给我停下来!""你给我回房间去!"他们觉得自己一声令下,孩子就会按照自己的要求去做,然后达到自己想要的结果。这就是一种命令型的沟通。

但家庭并不是军队，父母和孩子的关系也不是军官和士兵的关系，一味地用命令的语气跟孩子交流，只会引起孩子的反感或者恐惧，而无法让孩子从内心真正认同父母。

知乎上曾有这样一个问题：父母对你伤害最大的一件事是什么？有个女孩回答说：父亲对她伤害最大的就是，总是用命令的口气跟她说话，特别是父亲让她去做事的时候，总是理所当然地认为她就应该无条件地服从。

这个女孩讲了发生在自己身上的一件事。她家里是开小卖部的，有一天父亲叫她去把地下室的桶拿上来，当时她正在写作业，一道题解了一半，她不想打断自己的思路，就不太情愿，父亲当时就用命令的语气说："你必须现在就去，快点儿去，别偷懒！"女孩把桶拿上来，因为心里不舒服，就没有亲自把桶递到父亲的手里，而是放在了一边。接着，父亲就冲到女孩面前，质问女孩："你怎么不肯把桶拿过来？你还无法无天了是吗？是要造反吗？"父亲的质问让女孩感到非常委屈，而这种命令式沟通和专制的风格，让她感觉自我价值很低，所以只想赶快逃离家庭。

如果孩子总是在父母的命令式口吻下生活，必须服从父母的意志，那么就很容易失去主导自己意愿的能力，慢慢地就会失去自信，同时父母的命令也容易扼杀孩子的思想，让孩子变得唯唯诺诺，对自我的评价很低，价值感也会很低。父母的命令也容易让孩子与父母越来越疏远，亲子关系变得冷漠。

命令型沟通虽然从短期看可能立刻见效，让孩子听从你的意见，但从长期来看，无论是对孩子的成长，还是对亲子关系的发展，都有着严重的负面影响，所以我们要尽量避免采用这种沟通方式。

如果上文中的父亲换一种口气说："女儿，爸爸需要一个桶，现在走不开，麻烦你帮我去地下室拿一下，可以吗？"当孩子感受到尊重，一定会乐意去为父亲效劳，减少对抗的心理，亲子关系也会变得更加融洽。

当然，任何一种模式都不是一天两天形成的，而是日积月累养成的习惯性行为方式，所以想要做出改变，父母不仅需要认识到以上模式的危害，更要持续地觉察和反思自己的亲子沟通方式，同时对自己也要保持足够的耐心和包容，允许自己是不完美的父母。多一分正确的认知，多一分觉察，每天做出一点点改变，就会成为更好的父母，更好地助力孩子的成长。

11. 如何让孩子更愿意与父母合作？

有的家长平时喜欢对孩子说："你要听话！"那么，听话的孩子是我们培养孩子的目标吗？

我有一个朋友，她说自己从小就很听话、懂事，是父母和老师眼中的乖乖女，让大人很省心。但是她说，其实她一点也不快乐，因为她的快乐是建立在别人的评价上的，她被禁锢在好孩子的标签里，失去了真正的自我。

所以，我们先来澄清一下合作和听话的区别。父母希望孩子变得更合作，并不是要把他培养成一个听话的孩子。有些家长总是时时刻刻盘旋在孩子的生活中，他们监视孩子的一举一动，不允许孩子提出自己的权利和主张，要求孩子必须按照自己的意志去发展。在这种情况下，如果孩子为了满足家长的要求而表现得很听话，一味地去迎合父母，那很可能就会压抑自己的心理需求和情绪，导致其失去自我，无法追求自己想要的生活，结果反而过得不幸福、不开心。

所以说，培养一个听话的孩子不是我们追求的目标，而让孩子变得更富有合作精神，能更好地适应社会，和周围的人和谐相处，才是养育孩子的重要目标。因为合作是孩子未来取得成功不可或缺的一种品质，合作意味着在发挥自我优势的同时，看到别人的优势，双方共同协作，为了达成共同的目标而努力。真正的合作意味着"在一起工作"，是没有任何强制性的。让孩子和父母合作，就意味着让孩子和父母一起制定规则，一起为解决问题寻找办法，一起克服困难实现目标，而不是我们运用父母的权力去控制孩子。

那么，具体来说，父母要如何做，才能得到孩子更多、更经常的合作呢？

首先，父母要给孩子赋权，而不是控制。要孩子听话，本质上是一种控制，而要取得孩子的合作，父母就需要给孩子赋权。控制，意味着父母来决定什么对孩子是最好的、最正确的，父母是孩子生活的指挥官，发号施令，强迫孩子去服从。而赋权，意味着父母和孩子通力合作，一起决定什么是最好的，共同讨论，共同决定。

比如，有的家长看到自己孩子的房间凌乱，就会说："你都这么大了，房间还乱得跟猪窝一样，你必须在午饭前把房间收拾干净！"这就是在单方面地要求孩子，期待孩子在给定的时间内按照家长的标准去完成，可是结果常常事与愿违，孩子并没有去打扫和整理，等到了午饭时间，房间还是那么乱，而家长要么气得跳脚，忍不住对孩子吼叫，要么自己动手去替孩子收拾，又陷入包办的模式，而这两种方式都无法让孩子学会为自己负责，反而会加剧孩子的抵抗，使他们更不愿意合作了。

如果要以赋权的方式沟通，要怎么做呢？父母可以这样说："我看到你房间的地上有衣服和袜子，还有一些碎纸屑，书桌上放了许多东西，这会影响大家的正常活动，也会影响你的学习，我希望我们有一个干净整洁的家庭环境，而你可以贡献你的一份力量，让地面干干净净的，让桌面清清爽爽的，你觉得怎么样呢？"这样的表达就是在邀请孩子合作，不评判，不批评，只是把我们观察到的现象和我们的期望告诉孩子，征询孩子的意见，赋予孩子权利，让孩子去做出正确的选择。

给孩子赋权，会让孩子感受到尊重，并学会为自己的行为承担责任，也会让孩子愿意更多地与父母合作。

其次，父母要学会欣赏孩子，发现孩子的闪光点。每个孩子都有自己的优点，孩子的优点就像一颗颗火种，如果不被父母发现，这个火种就可能自己熄灭，而如果父母能以正确的方式点燃，这些优点就可能形成燎原之势。

一些父母望子成龙心切，过于追求孩子的完美，对孩子期待过高，所以眼睛常常盯着孩子的缺点和不足，不停地指出孩子哪些地方没有做好，什么方面没有做到，尤其还喜欢拿自己家孩子的缺点和别人家孩子的优点相比较，这样不仅会打击孩子的自信心，也会让孩子产生抵触情绪，不愿意与父母合作。

所以，父母要在日常生活中找出孩子值得欣赏的地方，发现孩子的优点和长处，并及时肯定孩子，让孩子感受到认可和尊重，这样孩子就会更加自信，也会更愿意和父母合作。

有一个六年级男孩的妈妈曾经跟我说，孩子的学习成绩比较差，她为此非常苦恼，于是辞职在家，专门负责盯着孩子的学习。一看见孩子做作业走神，妈妈就去提醒孩子；孩子背课文，妈妈就在旁边陪着背，结果妈妈背会了，孩子还没有背下来，于是妈妈就觉得孩子没有用心。可惜的是，妈妈的唠叨和监督，不仅没让孩子的学习成绩提升，反而令孩子感到更加烦躁，开始和妈妈对着干。

说完孩子的学习，妈妈开始聊到孩子的性格。这时候妈妈的态度就变得不一样了，她说，孩子性格很阳光，是班级劳动委员，在班里总是主动干活儿，愿意帮助别人，人缘好，老师和同学都很喜欢他。说到这里，妈妈的脸上也露出了微笑。

于是，我建议妈妈多去关注孩子性格上的优点，每天都找出孩子做得好的一项行为并记录下来。妈妈可以作为孩子的学习伙伴，但不要进行过多的唠叨和监督，而是和孩子一起规划学习，让孩子自己掌握节奏，发现孩子完成一个小目标，立刻向孩子做出积极的反馈。妈妈听完之后也很认可，决定换一种方式和孩子相处，试着多去认可孩子的优点。这样过了一段时间后，妈妈反映，孩子的成绩在慢慢提高，在学习中越来越自信，当妈妈提出学习建议的时候，孩子也更愿意接受了。

其实，当妈妈发自内心地去赞美孩子的优点时，就会激发孩子上进的内在动力。歌德曾说："最真诚的慷慨就是欣赏。"与其在物质上慷慨地满足孩子，不如在心理上慷慨地满足孩子，抱着欣赏的眼光看待孩子的成长，这样，孩子和父母的关系就会更加亲密，孩子也会更加愿意合作。

再次，父母要花时间了解孩子，找到共同话题。 随着孩子渐渐长大，很多父母觉得孩子与自己越来越疏远，越来越没话说。这背后其实有一个原因，就是父母和孩子的共同话题变少了。

要和孩子有共同话题，父母就需要了解孩子的兴趣爱好。在这里问一下各位：你觉得你了解自己的孩子吗？你可能会想："我从小把孩子养大，我不了解谁了解？"

在之前的工作坊中，我们曾经给父母朋友们发放调研表格，问题包括：孩子喜欢看什么课外书？喜欢看哪部电影？喜欢哪个明星？喜欢听什么歌？好朋友都是谁？等等。结果发现，很多父母对表格中的问题有一大半都回答不上来，也就是说，父母自以为了解孩子，实际上并不是这样。

还有一些父母认为孩子喜欢的东西"幼稚""没用"，不愿意花时间或者不屑于深入了解。结果父母和孩子之间，不知什么时候就变成了最熟悉的陌生人。其实，多一分了解，就多一分理解，父母和孩子之间就越来越有共同话题，也会越来越亲密。

在《罗恩老师的奇迹教育》一书中，美国明星教师罗恩提到，在刚开始当老师的时候，他发现许多学生都喜欢一套名为《鸡皮疙瘩》的系列丛书。虽然读这套书对当时的他来说，是在这个世界上最不想做的事情，但为了更好地了解学生，和学生有更多的共同话题，他还是硬着头皮把书看完了。第二天吃午饭的时候，他问学生们是不是看过那套书。结果看过那套书的孩子立刻跟他聊起了书中的情节，比如某个部分吓不吓人，而没看过的孩子也对这套书产生了兴趣，都说要看一看。他马上觉得自己和孩子们的距离拉近了不少。

罗恩老师在书里说：作为父母和老师，我们应该确保自己了解我们所养育和教育的对象，确保自己对他们的了解是全面的，并且知道要通过他们热爱的东西来与他们建立更加亲密的关系。

所以，如果父母肯花时间去了解孩子的兴趣爱好，跟孩子找到共同话题，亲子关系就会更好，孩子也会更愿意和父母合作。

最后，父母可以和孩子一起活动，创造美好的亲子时光。父母要有意识地创造一些和孩子共同活动的机会，不管是一起运动、一起读书，还是一起购物、一起散步，或者一起去郊外踏青、一起去旅行，父母和孩子一起活动的时间越多，互相了解的机会就越多。

一般来说，当父母和孩子一起活动的时候，孩子是比较放松的，这时候父母可以随意地和孩子聊聊天，听听孩子的想法，了解孩子最近的状况，甚至有一些孩子平时在家里不愿意告诉父母的话，在一起活动时就会说出来。经常在一起活动，父母和孩子之间的亲密度就会增加。

我有一个朋友，他们一家人都非常喜欢阅读，在家庭规则中有一项就是阅读推荐。每个人读到自己喜欢的书籍，都可以推荐给家庭其他成员，比如女儿可以向妈妈推荐书，妈妈也可以向女儿推荐书。有时候他们也在一起共同读一本书，这样孩子和父母就一起读了很多书，在平时，他们就会自然而然地讨论书中的话题。朋友说，在共同读书和讨论的过程中，她感到自己和女儿就像是亲密的战友一般，互相合作，互相切磋，共同进步。

如果把父母和孩子的关系比作一个银行情感账户，父母每一次和孩子共同的活动，就好像是在向账户中不定期地存款。父母要懂得存款，善于存款，这样父母和孩子的关系就会越来越牢固，孩子也会变得越来越愿意跟父母合作。

12. 发现孩子早恋了，怎么办？

随着孩子慢慢长大，很多父母便担心孩子会早恋。比如，前几天我接到一位六年级女孩妈妈的电话，她说，女儿最近有一个关系很好的男同学，俩人放学后常常用微信聊天。这个妈妈就开始担心："他俩是普通的同学关系吗？""我女儿喜欢他吗？""这样下去，会不会耽误我女儿的学习？""我女儿的前途会不会被他毁了？"

这一系列的疑虑和担忧让妈妈陷入了焦虑和恐慌当中，于是她就开始详细地盘问女儿。女儿说，他们只是好朋友，但妈妈还是没办法放下那颗悬着的心，就警告女儿以后不许和这个男同学来往，结果女儿大发脾气，说她胡思乱想，有毛病。这几天回家都不搭理妈妈了。而且，妈妈还发现，女儿有时候回家比平时晚，问她去哪儿了也不说，感觉是和那位男同学走得更近了，妈妈就更抓狂了。

我非常理解这位妈妈的担心，但是，她的过度焦虑也阻碍了她理智地思考问题。对事情的不当处理，不仅没有对女儿产生好的影响，反而让亲子关系也变得更加糟糕。

其实，这位妈妈的想法和做法代表了一部分父母，他们觉得，孩子对异性发生兴趣了,就一定会影响学习,甚至耽误前程。所以,他们一旦发现孩子在情感方面有什么蛛丝马迹,立马就会变身为侦察员,寻找孩子早恋的证据,或者对孩子进行各种围追堵截,采取各种手段想要防患于未然,防止孩子掉进情感的漩涡。

首先,父母要清楚一点,孩子和异性交朋友并不一定是早恋,因为对十来岁的孩子来说,与异性交朋友是再正常不过的事情了。

其实,父母可以把孩子和异性交朋友看作将来恋爱婚姻的练习场,既然是练习,父母也就不用过于紧张,不要轻易就给孩子扣上"早恋"的帽子。

面对孩子和异性交朋友,一方面,父母要调整好心态,没必要疑神疑鬼,草木皆兵;另一方面,父母也要给予必要的关注,仔细观察孩子的变化,区分孩子是在与异性朋友正常地交往,还是有早恋的萌芽。

父母可以通过观察孩子的一些细微变化来判断。比如,孩子经常偷偷打电话,忽然开始喜欢打扮,莫名地心情就变得不好,或者无缘无故地对着电脑或手机微笑,等等,这些都可能是孩子早恋的迹象。

当父母发现孩子确实是在早恋,该如何做呢?

首先,我们来看一下,反对早恋,会对孩子造成什么样的影响?

当发现孩子早恋的时候,有些父母会暴跳如雷,简单粗暴地制止了孩子,或者对孩子讲一通大道理,试图说服孩子跟对方断绝来往,或者在孩子面前诋毁他(她)正在交往的对象。

如果父母过于强硬地阻止孩子恋爱,就可能会出现"罗密欧与朱丽叶"效应,即父母越阻拦,孩子就会越坚定。到了最后,孩子自己都搞不清楚到底是为了反抗父母而坚持,还是真的因为喜欢对方而坚持这段感情。而且父母的横加阻拦，也会让亲子关系遭到很大破坏。

面对早恋，横加阻拦只会适得其反，甚至对孩子的身心健康造成很大影响。另外，粗暴的干涉也会在孩子心里留下阴影，甚至破坏孩子爱的能力，对孩子今后的情感婚姻生活带来长远的不良影响。

我有一个朋友，在六年级的时候喜欢一个男孩，她爸爸知道后，把她关在房间里，一整天没给饭吃，让她自己反思。后来，她爸爸还打电话给男孩的家长，痛骂了对方一顿，这让女孩感觉在同学中间颜面丢尽。爸爸的做法也让她当时心里产生了一种认识：喜欢一个人是一件罪恶的事情。后来成年之后，这个朋友在感情的路上总是磕磕绊绊的，虽然到了该谈对象的年龄，但是她对于任何感情都保持着警惕的态度，她爸妈一催她结婚，她就开始跟父母对着干，亲子关系非常紧张。

所以，如果孩子早恋了，父母首先要理解孩子的这种情感，让孩子感觉早恋不是一个错误，而是正常的，可以被接受的。但这并不是说，父母就完全放任不管，而是要在接纳和尊重孩子的基础上，和孩子进行开诚布公的讨论，并给予正向引导。

有一个妈妈的做法就很值得我们借鉴。她在女儿的微信聊天记录中，发现女儿和一个男生交往密切。她并没有大发脾气，也没有放任不管，而是在女儿放学后，带女儿去吃下午茶，俩人边吃东西边聊天。

妈妈问女儿："最近有没有遇到什么问题呀？"

女儿愣了一下，回答说："没有。"

妈妈接着说："没有就好，只是妈妈看到你最近学习比较累，很心疼你。学习上只要认真、用心就好了，千万不要强求自己，看到你身体好、心情好，妈妈就很开心了。"

女儿点了点头，妈妈就没有再多说什么。

晚上，女儿洗漱完准备睡觉的时候，走过来找妈妈，跟妈妈欲言又止，妈妈就亲切地搂着女儿肩膀说："我们一起聊聊天吧。"然后，母女俩就倚靠在床头聊了起来，女儿这时候告诉妈妈，她喜欢他们班的班长，班长也表示喜欢她。

妈妈听完后，心平气和地对女儿说："互相喜欢是一件很美好的事情，妈妈不反对你们交往。你能跟妈妈讲一讲，你喜欢这个男孩的哪些方面呢？"于是女孩说，班长长得高大帅气，学习很好，也会照顾人。

妈妈又说："看来我的女儿眼光不错。那你觉得你的哪些特点吸引他呢？"女儿说了一些自己的优点。妈妈接着说："我的女儿很优秀。能有自己喜欢的人，说明你长大了，妈妈为你感到开心。但真正的喜欢是彼此尊重，共同进步。妈妈希望你们能互相督促，共同进步，一起考出好成绩。"

女儿说："妈妈，你放心，我们不会影响学习的，我们约定好了要共同努力，将来一起走进理想的大学。"

后来，有一天女儿回来说，经过一段时间的相处，她觉得男孩并不是她心中的白马王子，已经和男孩和平分手了，要把精力都放在学习上。

这位妈妈的做法就很明智，她没有强行阻拦女儿谈恋爱，而是给予孩子充分的接纳和尊重，肯定了孩子的情感，同时，她像朋友那样跟孩子交流，对孩子提出了希望和建议，让女儿自己去探索和感受，做出理智的决策。

最后还有一点，父母要引导孩子树立正确的性观念。在孩子成长的过程中，父母需要把正确的性观念传递给孩子。如果父母不去做这部分工作，孩子很有可能会从某些渠道获取不科学的信息，这些不健康的知识可能会对孩子的性意识、性观念带来误导。

父母自身首先要放下对性的羞耻和评判，承认孩子身上有"性"这个部分的存在，去学习更有利于孩子成长的性教育知识和理念，这样父母才能为孩子提供支持和帮助，引导孩子做出正确的选择。

很多父母朋友一旦发现孩子早恋，最担心的就是孩子把握不好分寸，做出出格的事情，尤其是家有女儿的，生怕女儿吃了亏，甚至引起心灵和身体的双重伤害。

父母的担忧是可以理解的，不过没必要为了不让担心的事发生，就严防死守，阻碍孩子正常的异性交往。给孩子进行科学、全面的性教育，才是确保孩子健康成长的正确方法。

在引导孩子的过程中，父母也需要给孩子设立底线，比如，跟孩子讨论恋爱中有哪些亲密的情感表达方式，哪些身体接触是可以接受的，哪些是不能接受的，如何拒绝不想要的身体接触，等等。

在父母温和而恰当的引导下，孩子可以从两性交往中学习到相处的界限，父母也可以陪伴孩子度过这段美好的情感经历。

良好的人际交往是孩子成长过程中必不可少的心理养分，有利于孩子更清晰地认识自我，获得社交能力，并为将来更好地适应社会打下基础。

由于性格和成长环境的差异，孩子在人际交往上也会有不同的表现。很多父母面对孩子的表现，常常会产生一些担忧和困惑，比如，有的担心孩子害羞敏感，很难交到朋友；有的看到孩子面对演讲、表演时总是退缩，就很着急；还有的说孩子在家很活泼，出门却不爱讲话，等等。随着二胎政策的开放，许多家庭也面临着如何处理大宝和二宝之间矛盾的现实问题。

在孩子的人际交往方面，父母能做的最重要的一点就是帮助孩子形成积极的自我意识，无论孩子的朋友有多少，无论孩子的性格是内向还是外向，父母都要让孩子学会欣赏自己，在与人交往中感受到快乐和自信。这样孩子就会慢慢构建起自己的社会支持系统，从中获得成长的力量。

第六章

人际交往

01. 孩子和同学发生矛盾，怎么办？

有一次，我们组织了一个孩子和父母共同参与的活动。期间，两个孩子因为玩具发生了一些争执，原来他们两个人在交换玩具，后来有一个孩子不愿意换了，另一个孩子就不愿意了，俩人还差点儿打起来。

父母遇到孩子和同学、朋友发生矛盾的时候，该怎么引导孩子呢？

首先，父母要以温和的态度询问孩子事情的前因后果。因为事情是发生在孩子之间的，父母要先了解矛盾的起因。千万不能一看到矛盾，就先去训斥孩子："你怎么又和别人闹矛盾了？你怎么那么多事呢？"这样的话，可能不仅不会解决问题，还可能导致孩子的情绪更加激烈，会让矛盾恶化。

其次，父母要去理解孩子的情绪，帮孩子表达他的想法。矛盾中的双方一定是互相不理解的，才会相互攻击，用不合适的方式来发泄情绪。父母了解完前因后果之后，要去理解孩子，让孩子学会表达他的想法。案例中的一个孩子不愿意交换玩具之后，另一个孩子因此变得愤怒，父母就可以对孩子说："孩子，他答应了你要交换玩具，最后不换了，妈妈知道你不开心，还有点生气。"当父母帮孩子表达出来自己的情绪之后,就可以询问孩子的想法:"那你希望怎么办呢?"

最后,父母可以引导孩子和同学解决矛盾。当孩子的情绪得到理解并表达了出来,父母也了解了矛盾的前因后果,就可以引导孩子与对方和解,共同找到一个大家都能接受的方案。在这个过程中可以鼓励孩子用温和的方式沟通,父母要全程做好良性沟通的示范。

02. 孩子自私不愿意分享,怎么办?

有一次我去朋友家做客,朋友有两个孩子,大女儿9岁,上小学三年级,小儿子4岁,上幼儿园中班。两个孩子在一起玩儿得很开心,我们在一旁喝茶聊天。突然,两个孩子哭闹起来,孩子妈妈赶紧跑过去询问情况,原来是弟弟要玩儿姐姐的玩具,姐姐不想让弟弟玩儿,互相争执之后哭闹。妈妈严厉地批评了姐姐,批评说她太自私了,不知道让着弟弟,要学会分享。大女儿听到之后哭得更凶了,扔下玩具哭着跑回了自己的房间。

父母遇到这种情况,该怎么办呢?

首先,要先关注孩子的情绪,打开亲子沟通的渠道。案例中妈妈的处理方式是欠妥当的,妈妈只关注了弟弟的情绪需求而忽略了姐姐的,对姐姐的责备也关闭了亲子沟通的途径。

孩子从小学阶段开始,思维能力和情绪能力都发展得很快,已经可以逐渐发展出同理心和分享的行为。当孩子出现不愿意分享的情况时，往往是孩子有了情绪问题。案例中的这个姐姐，经过我们的沟通之后，她说自己之前总是跟弟弟分享，但是感觉妈妈总是向着弟弟，只爱弟弟不爱她，她就不愿意和弟弟分享了。

其次，父母要去理解孩子的情绪。父母可以先肯定孩子曾经愿意分享给弟弟，同时表达自己并不是只爱弟弟不爱她，表达对孩子委屈的理解。当孩子的情绪被认可和理解之后，父母再去引导孩子跟其他人分享就会比较容易了。

03. 孩子爱打小报告，怎么办？

一个妈妈和我说，最近老师多次向她反馈，女儿老在学校打小报告，大多是一些琐事。比如，谁上课吃零食了，谁在走廊打闹了，一旦被她女儿看到，她就像个小喇叭一样告诉老师，而且被告密的还是女儿的朋友。在家也这样，总和大人说弟弟又做了什么坏事，比如偷吃了一块饼干等。大部分父母面对孩子爱打小报告的问题都觉得无奈，不知怎么处理。

这里分享三个小方法，以解决这个问题。

第一，依据内容判断是否需要干预。如果孩子打小报告的内容无关紧要，父母判断孩子看到后完全可以不干预，那么最好的办法是让孩子想想怎么帮朋友看到自身的错误，而不是去告状。此外，还可以帮助孩子理解，打小报告的行为会怎样影响和朋友之间的友谊。但是，如果打小报告的内容涉及同学的人身安全，比如有同学在学校被霸凌了，那么父母要鼓励孩子，让大人及时知道这些情况。

第二，通过角色扮演教孩子应对的方法。父母可以在家和孩子玩儿角色扮演的游戏，比如，模拟向老师告状的情景，爸爸扮演老师，孩子和妈妈扮演学生。妈妈不小心把地板弄脏了，爸爸引导孩子给妈妈一个善意的提醒，并和妈妈一起把地板擦干净，而不是去向爸爸告状。这样孩子就会明白，想要解决问题还有更好的方法。

第三，通过榜样作用给孩子示范方法。如果孩子向父母告状"弟弟又把垃圾扔地上了"，父母不要依赖孩子的小报告，立刻去指责弟弟，这种做法是鼓励孩子告密的行为。父母可以简单地回应一句"哦，我知道了"，然后把垃圾捡起来，扔进垃圾桶。这样做，既没有说教或指责孩子，也不会纵容孩子，而是通过无声的榜样力量教孩子怎么处理。

04. 孩子见人不打招呼，没礼貌，怎么办？

前段时间，有一位妈妈向我抱怨说："我家孩子都小学三年级了，见人老是不打招呼，你说小孩子怕生能理解，都这么大了怎么还怕生呢？这样子太没礼貌了，弄得大家都很尴尬，真丢人！"

其实，这位妈妈提到的孩子"怕生"就是"陌生人焦虑"，即使孩子到了八九岁还是有可能会出现的。孩子不打招呼，父母会觉得没面子，可能就会说："我家孩子就是这样，不懂礼貌，见人都不打招呼。"然后，拉着孩子说："打招呼啊，这不是王阿姨吗？你这孩子怎么这样啊。"虽然这样化解了一时的尴尬，但是却给孩子贴上了"没礼貌"的标签，孩子下一次可能更不愿意打招呼了。

遇到这种情况，父母该怎么办呢？

第一，拒绝给孩子贴标签，正常化解尴尬。当孩子表现出来不愿意打招呼的状态时，父母要先调节好自己的情绪，避免像案例中的妈妈那样给孩子贴标签，通过批评孩子来化解尴尬。父母可以直接帮孩子介绍他自己，然后再和善地邀请孩子打招呼，如果孩子仍然不愿意打招呼，父母也不用过多地解释，说"我们孩子就这样"之类的话。其实，孩子见人不打招呼这个事，大人也不会去和孩子过多计较，反而是父母每次强调的语言会反过来强化孩子不打招呼的行为。

第二，和孩子讨论不打招呼的原因，对孩子进行道德教育。其实孩子在学校、家里都受过道德教育，人际交往中，打招呼是最基本的礼节，他们也想做一个被人喜欢的孩子。所以，父母可以找一个私密的空间，和孩子坐下来讨论一下，他为什么不想打招呼。

大多数孩子不愿意打招呼是因为害怕陌生人或者被标签化，所以父母的态度一定要是关心的、和善的，这样孩子才可能袒露心扉。

比如，孩子也可能会因为不喜欢陌生人或是害怕，所以不想打招呼。父母可以在理解的态度上，跟孩子说："好的，妈妈知道了，你因为害怕所以不敢打招呼。其实，你不打招呼，阿姨也会觉得不舒服呀。

你想想,如果你在学校里碰到你的同学,你的同学都不跟你打招呼,见到你就跟不认识一样,你感觉怎么样?"孩子可能会说:"那我也不舒服。"父母可以说:"阿姨也是妈妈很好的朋友,她也很喜欢你,你见到她不打招呼,阿姨心里也会有点失落哦。你下次要不要试着打招呼呀?"这样,孩子可能就会愿意尝试了。

05. 孩子害羞敏感,很难交到朋友,怎么办?

有位妈妈说,自己的女儿今年上二年级,平时是一个很安静的小孩,比较害羞、敏感,在学校里和同学相处的时候,总是显得唯唯诺诺,从来不会主动去跟其他同学交朋友。现在都上小学二年级了,几乎没有什么朋友,这让妈妈很担心。

其实,有的孩子天生就比较害羞,这样的孩子到了新环境会显得紧张局促,需要花比较长的时间才能慢慢适应,同时与人相处时会比较被动。

如果我们家里有这样一个害羞敏感的孩子,父母该如何做呢?这里有三点建议。

首先,尊重孩子的特质,不给孩子贴标签。有些父母常常会当着孩子面说:"我们家这孩子从小就胆小害羞,还特敏感,连跟小朋友一起玩儿都不会,愁死我了!"孩子听到这样的话会更加不自在,父母的评价也会给孩子造成心理暗示，孩子觉得："反正我就是一个害羞的、不合群的人。"在以后的人际交往中会更加退缩。所以，父母首先要尊重孩子的特质，不要用评价的口气来说孩子，更不要给孩子贴标签，给孩子造成不必要的心理负担。

其次，在适当的时候，轻推孩子一把，创造机会多与人接触。在尊重孩子特质的基础上，父母可以轻推孩子一下，多给孩子创造交友的机会。比如，父母在帮助孩子规划时间的时候，要留出交友的时间，比如，周末邀请其他小朋友到家里来玩儿，或者鼓励孩子多参加小朋友的聚会，一起相约着外出游玩儿等。在一起玩儿游戏或者活动的过程中，父母要鼓励孩子多参与，多分享，多与其他小朋友互动，让孩子慢慢找到放松的感觉，感受交往的乐趣。

最后，教孩子一些基本的社交技巧。父母也可以教孩子一些基本的社交技巧，比如在和别人交流时，要注视对方的眼睛；当别人正在讲话的时候，不随意打断别人；在集体活动中，要尽力去承担一些责任，给同伴力所能及的支持；等等。当父母看到孩子在这些行为上有进步的时候，要及时地肯定孩子，鼓励孩子继续尝试和努力。

06. 孩子喜欢背后议论人，怎么办？

有位妈妈向我咨询："我的孩子各个方面都还不错，就是很喜欢背后说别人。下课的时候,不是说这个同学怎么样,就是说那个老师怎么着,因为他的这种行为,有许多同学都疏远了他,老师对他的印象也不是很好,结果孩子的人际关系越来越紧张。我为这事也教育过他,但他就是改不了,怎么办呢?"

孩子喜欢在背后议论人,可能有以下原因:有的孩子表现欲比较强,希望引起别人的关注,可能在一个偶然的机会,孩子发现在背后议论人可以引起一些人的关注,使自己的心理需要得到满足,所以就受到错误的诱导,把这个行为形成了习惯。还有可能是父母有类似的行为,孩子就不自觉地去模仿父母,产生了这样的行为。

针对这种情况,父母该如何做呢?这里提供两点建议。

首先,给孩子提供恰当的机会表现自己。孩子都希望能得到更多的关注,对有些孩子来说这方面的需求更高。所以,父母可以多带孩子参加一些活动,让孩子有表现自己的机会,也能感受到别人的关注。比如,如果孩子的表达能力很好,父母可以带孩子参加演讲比赛之类的活动;如果孩子唱歌好,就给孩子提供表演的机会,等等。当孩子的才能在活动中得到展现,他的表现欲就得到了满足,同时获得了想要的关注,那么他就不需要为了引起注意而在背后议论别人了。

其次,父母以身作则,不在背后议论别人。要教会孩子人际交往的原则,父母首先要反思自己日常的行为。比如,是不是真诚地对待别人,是不是能正确地看待别人的优点和缺点,是不是能做到不在背后议论他人,等等。父母也可以借助一些故事,教孩子理解不在背后议论别人是对别人的尊重,而只有尊重别人,才能赢得别人的友谊,逐渐让孩子体会到在人际交往中什么是正确的做法。

07. 孩子为什么会"窝里横"?

前几天接到一个亲戚的电话,说为孩子伤透了脑筋。原来他的孩子在家特别横,对谁都颐指气使的。有一次,姥姥挡着电视了,他就朝姥姥大吼大叫。但是在外面,他又非常胆小,别的小朋友抢他的玩具,他都不敢吱声。他很奇怪为什么孩子会这样。

我就问他:"孩子朝姥姥吼,你们是怎么做的呢?"孩子妈妈说:"我觉得不应该呀,就批评他,让他给姥姥道歉,但是姥姥居然把我说了一顿,说孩子那么小,干吗这么严厉呀?结果现在,管也管不了了。"

听到这儿,我就知道了,其实,这跟父母没有原则的爱有关。宠爱孩子没有错,但是没有原则的宠爱却是错误的,尤其是老人,对孩子百依百顺,犯了错误都说不得,这样,孩子容易形成说一不二、唯我独尊的习惯。

但是在学校却没人让着他,他很霸道的话,就没人跟他玩儿,所以他就只能变成别人的小跟班,显得很胆小。

所以,在家里,家人没有原则的爱让孩子养成了自我中心的性格;在外面,他又缺乏人际交往技巧,不知道怎样与人相处,结果就是家里横,外面怂。

和孩子
一起成长

引领优质阅读　创造美好生活

机械工业出版社

加小编微信
获取更多图书福利

在线收听公益课程

给孩子的8堂超级记忆课

世界记忆纪录的保持者、第25届世界记忆锦标赛官方训练导师,用一学就会的记忆方法,帮助孩子快速提升学习力,解决10大学科记忆难题!

给孩子的8堂思维导图课

东尼·博赞授权认证讲师、世界记忆大师手把手教的高效学习法,解决孩子学习10大痛点,5倍提升学习力,让孩子爱上学习!
著名主持人王芳、魔方盲拧世界纪录保持者庄海燕作序推荐!

5步儿童时间管理法:让孩子彻底告别磨蹭拖拉

熬夜写作业,睡眠不足?学习不专注,效率低下?假期太放纵,成绩下滑?
5个步骤×11种超实用时间管理工具,让孩子从认识时间到自主管理时间,
成为时间的主人。附赠时间管理手册。

从每天盯作业到真正管学习:打造孩子6个学习好习惯

喜马拉雅人气讲师的"陪学宝典",告诉家长管孩子学习的"正确姿势"。
让孩子爱上学习,让写作业不再是难题!中学校长鼎力推荐!

学习的本质:提升成绩的5大规律

以解题为本,重建思维方式,提升学习能力。五维高效学习法,解决中学生8大类学习难题。学习不仅要提高成绩,更要改变思维方式,拥有更大的人生格局。

如何练就阅读力

从不爱看书到一年读完300本书,6种阅读效率工具,5类听书核心方法;
21天,升级你获取知识的能力。
樊登读书会"我是讲书人"全国优秀选手、《如何练就好声音》作者涂梦珊新作!

怪物研究所:超实用的校园手抄报

海量手抄报边框、简笔画素材、花边设计以及艺术字体设计,
手抄报简笔画,零基础学手抄报。一书在手,办报无忧!

数独口袋题册

作者权威,国内顶级数独教练;口袋本设计,小巧便携;题型多样,涉及多种变形数独题型,提升做题乐趣,同时开发大脑思维。
数独口袋题册随时随地开启思维训练游戏,无时不推理,无处不创造!

快乐玩数独·入门(教学版)

本书采用技巧示意图讲解、卡点解答、真题详解、解题心得等多角度教学
互动形式,有助于读者快速学习数独核心技巧。更容易掌握的解题方法,
更有针对性的海量习题,配备免费教学课程,把"老师"带回家。

快乐玩数独·入门(训练版)

题目丰富,精选数独题目200题; 难度适宜,阶梯递进,快速完成从小白到大师。
激发潜能,挑战能力极限,拓展思维,开启头脑风暴。

好妈妈不吼不叫教育男孩100招

不吼不叫教育孩子理念的发起者,畅销50万册!
家庭教育专家、中华传统文化传播者/推动者鲁鹏程老师重磅作品!
版权输出韩国、越南、中国香港、中国台湾等国家和地区!

不吼不叫 妈妈的一场修行

每个妈妈都有100种替代吼叫的方法。好妈妈不吼不叫,培养性格好、情商高、更合作的孩子;好妈妈不吼不叫,让家庭变成孕育孩子稳定性和安全感的港湾!

好妈妈不吼不叫应对孩子叛逆期

如何用无条件的爱陪孩子走过3岁叛逆期,让叛逆期变为成长关键期。
温柔地应对3岁叛逆期,不吼不叫,正面引导,为孩子的成长加油!

爱与教养的双人舞:聚焦依恋关系的养育方法

研究儿童早期依恋关系的经典之作,儿童教育专家张梅玲、中国科学院心理所教授/博士后导师祝卓宏、北京第二实验小学校长芦咏莉、美国俄克拉荷马大学心理系终身教授/博士生导师宋海蓉联袂推荐!

自控力成就孩子一生:儿童行为问题管理手册

少说多听,3步平和教养法,为孩子种下一颗自控力的种子!
俞敏洪、龙迪倾情作序,孙云晓、陆士桢、赵刚鼎力推荐!

自控力成就孩子一生2:青春期行为问题管理手册

5步改变青春期行为问题,培养孩子受益一生的自控力。
新东方创始人俞敏洪倾情作序,家庭教育专家陆士桢、关颖、曹萍鼎力推荐!

陪孩子走过青春期

正面管教导师、国际鼓励咨询师解密青春期养育法则,让孩子和青春期握手言和。
不缺席的爱,轻松应对青春期难题;和善而坚定,陪伴孩子走过青春期。

给妈妈的第一本食育书

用教育的思维重新设计吃饭这件事,让孩子从一日三餐中获得成长的能量!
关心孩子,从关心食物开始;回归教育,由回归厨房做起。
让我们的孩子,在自然的食材和家的味道里,长大成人。

小儿推拿专家教 捏捏按按百病消

小儿推拿家长速查、速用必备手册,真人彩图分步演示,一看就懂,一学就会!
快速、准确取穴,消除多种宝宝常见病,激发宝宝自愈力!
畅销50万册,版权输出韩国、越南等地!

小儿艾灸 一学就会

针对28种小儿常见问题,提供灸疗方案!辨证施灸,真人图解,一看就懂,一学就会!艾灸妈妈阳光艾灸馆创始人王继娟老师潜心艾灸10年之作!
传授中医育儿智慧,教你顺应天地四时的节奏养孩子!

我是妈妈,更是自己:活出丰盛人生的10堂课

心理督导师肖旭、家庭治疗师孟馥、年糕妈妈创始人、父母必读主编、凯叔讲故事总裁等11位大咖联袂推荐,系统家庭治疗师写给妈妈的成长路线图!

好妈妈就是家庭CEO

献给0~18岁孩子的父母,引导妈妈以更高的视野建构成长型家庭,培养面向未来的孩子!
著名教育专家卢勤、新东方创始人俞敏洪、央视主持人周涛联袂推荐!

胜任未来:赢得人生的6种能力

东大、哈佛双料女神,用二十年的积累,揭示年轻一代未来成长的真谛。
李开复、前美国白宫学者黄征宇、中国人民大学文学院教授雷立柏鼎力推荐!

觉知的爱:看见孩子的内在需求

带着觉知爱孩子,改善孩子成长的心理环境,让他们最终成为尊重秩序、自觉自律、绽放天赋、活出美德的人!引导父母向内看,支持孩子的精神成长!

点亮孩子内在的光

引导孩子用身体学习,打开3个智慧中心,让孩子通过身体和心理的卷入,完成体验式的认知历程。将教育理念、心理辅助方法融入营地活动,让亲子之爱得以流动,真正的教育得以发生。

育儿的逻辑

家长的思维和眼界,才是孩子的人生起跑线。思维达人"瘦狐狸"20年育儿经验总结,教你用逻辑思维,培养"别人家的孩子",变身人生赢家。

育儿的格局:让孩子胜任未来的7大核心能力

5岁前重点培养孩子的7大核心能力,为孩子积蓄胜任未来的力量!
为家长提供一张清晰坚定的育儿蓝图,帮助父母从育儿的忙乱和琐碎中看到方向!

游戏的力量:10大游戏体验塑造完整童年

美国国家亲子出版奖金奖作品!剑桥大学心理学博士、YoKID优儿学堂主席苏德中倾情推荐!一个平衡完整的童年游戏清单,让孩子像个孩子那样长大。

不缺席的妈妈:3岁前给孩子全然的陪伴

原美国儿科学会主席赞许推荐,美国著名精神分析师告诉你早期陪伴的意义和方法,新手妈妈必看的0-3岁陪伴指南。
对于孩子来说,重要的不是礼物而是妈妈的陪伴!

不愤怒的父母:如何让孩子更合作,家庭更幸福?

资深临床心理学家的畅销作品,剖析愤怒背后的6种信念,提供管理愤怒的六大行为工具,献给父母的愤怒情绪管理指南!不愤怒的态度就是一种有效的教育,我们比孩子更需要学习如何管理自己的情绪!

那么，父母该怎么办呢？

首先，要改变爱孩子的方式。对孩子百依百顺并不是爱，爱孩子也要让孩子守规则、懂礼貌。金星讲过一个故事，有一次她的小儿子对保姆出言不逊，保姆就不让他吃饭，他就跟妈妈告状。金星了解事情经过以后，让孩子道歉，不道歉就不让吃饭，孩子一看也没人向着自己，就乖乖道了歉，之后，孩子就开始知道要尊敬别人了。这才是父母爱孩子最好的方式。

其次，发展孩子的社会交往能力。窝里横的孩子，认为发脾气就能解决所有问题，但是在外面没人让着他，当发脾气不好使的时候，他就不知道怎么办了。所以，父母要教会孩子怎么处理人际问题。

比如一个小朋友想玩儿秋千，但不敢跟别人说，别人也不主动让他玩儿，他就跑过来跟妈妈哭闹。妈妈说："我知道你想玩儿，可是现在别人在玩儿。妈妈觉得，你可以先帮他玩儿，秋千快荡不起来的时候，你帮忙推一把。过一会儿，你可以跟人家商量，能不能一人玩儿一会儿。"孩子听了妈妈的话，跑过去尝试，不一会儿，俩人就开始轮换着玩儿。

孩子直接过来跟妈妈哭闹，其实也是窝里横的表现，妈妈没有直接替孩子沟通，而是教孩子沟通技巧，这就是在帮孩子发展自己的人际交往能力。

08. 孩子在家很活泼,出门不太爱讲话,怎么办?

有位妈妈说,她家孩子在家里很活泼,跟爸爸妈妈打闹斗嘴的时候厉害着呢;但是一出门就很腼腆,比如在学校,不敢跟老师问好,也不敢主动去交朋友,甚至在小区楼下遇到熟悉的叔叔阿姨也不敢打招呼。妈妈很困惑,也很担心,怕孩子因为胆小,在学校交不到朋友。

其实,在家活泼,出门胆小,是孩子的一种正常的心理现象。在孩子小的时候,他们对外界的信任感和安全感都不太稳定,熟悉的人和环境会让他觉得安全,所以在家会勇敢活泼些。但是孩子在面对不熟悉的人和环境时,内心是很不安全的,这种不安全感会让他变得谨慎、胆小。

孩子在外面不敢讲话,其实是处在陌生环境中,对自己的一种心理保护。

针对孩子的这个特点,父母不需要太焦虑,也不要给孩子贴上"胆小""内向"等标签,更不要强迫孩子在外面变得活泼勇敢,而是应该先理解并接纳孩子。

那么,如何让孩子变得勇敢,在外面也能像在家一样活泼大方呢?

首先,营造更加安全的家庭环境。 父母要经常倾听孩子,允许孩子表达自己的意愿和观点,及时恰当地回应孩子,在这样的环境中,孩子会觉得自己被欣赏、被鼓励,他知道自己是被接纳、被允许的,这就可以巩固孩子心中的安全感。

其次,可以帮孩子扩大他的心理安全范围。父母可以常带孩子参加亲朋好友的聚会,邀请孩子的好朋友来家里做客,跟孩子一起去参加同学的生日会等,这样的经历多了,孩子内心的安全范围就会慢慢扩展到家庭之外的社交场合,在外面也就敢说话了。

09. 二胎家庭中孩子常常打架,父母到底要不要管?

很多二胎家庭的父母都反映两个孩子经常会打架,弄得父母有时候十分烦躁。看到孩子打架,父母要不要管呢?要是管的话,又该如何管呢?

其实,兄弟姐妹之间发生冲突是很正常的,父母要学会恰当应对,就能有利于孩子的成长,同时还能促进俩宝之间的关系。

那么,具体如何做呢?

第一步,要分情况对待,重点是倾听两个孩子的表达,理解孩子的感受。孩子打架可能会有几种情况。

(1)两个孩子打完架后,没过几分钟就像什么事都没发生一样,又玩儿在一起了。这说明孩子已经自己解决了冲突,这时候父母可以不用去管。

（2）二宝哭着来找你，说哥哥或姐姐打自己了。这时候，父母就需要安慰一下二宝，接着，让两个孩子分别说一下事情的经过和各自的感受，让孩子充分表达，在这个过程中父母要对孩子的感受表示理解。

（3）两个孩子就在父母的眼皮子底下打起来了，这时候父母要先制止打架的行为，然后再让孩子来表达。

第二步，帮助孩子梳理问题，并邀请他们自己找出解决方案。当孩子分别表达了自己的想法和感受后，父母就可以帮助孩子梳理一下问题的症结或者两人的冲突点在哪里。

比如，弟弟把香蕉皮扔到了姐姐的床上，姐姐很生气，过来质问弟弟，结果弟弟又把一个牛奶盒故意扔了过来，姐姐就忍不住打了弟弟一巴掌。这时，父母就要先认可姐姐生气的情绪，同时指出弟弟的做法不对，然后也要让姐姐意识到，弟弟虽然做得不对，但是她打弟弟的行为也是不对的。两个孩子的情绪都平复下来之后，父母可以邀请孩子一起想想解决办法。

第三步，必要时帮助孩子在冲突后修复关系。有些成年人说，自己和兄弟姐妹的关系从小就不好，结果长大后彼此也很疏远，这真的让人很遗憾。所以，在孩子冲突过后，如果他们仍然对彼此有不满或怨恨的情绪，父母就需要帮助孩子修复关系。

比如，在冲突的第二天，两个孩子心情都很好的时候，拉着两个孩子的手，一家人彼此表达爱意，或者带着两个孩子一起做游戏，让孩子们合作配合，等等。通过这样的方式，让孩子感受彼此的爱和关心。

10. 怎样培养善于合作的孩子？

积极心理学更关注那些积极的心理品质和情绪体验，比如乐观、合作等，教会人们如何追求幸福，取得成功。如果从小培养孩子一些积极的心理品质，不仅能让孩子获得良好的性格，也有助于孩子健康地成长，为孩子将来的幸福和成功奠定基础。

我们先讲一讲合作这个积极的心理品质。合作就是人们为了一个共同的目标，互相配合，共同努力的一种行为表现。比如篮球队员之间，为了小组的胜利，有的人是前锋，有的人当后卫，在篮球场上合作配合，各自发挥自己的力量。

合作的重要性不言而喻，没有一个人是全能的，人类社会发展到今天，取得如此大的发展成就，也是分工合作的结果。历来也有很多关于合作的谚语，比如"二人同心，其利断金""三个臭皮匠，顶个诸葛亮"等，这都说明合作的重要性。

合作这个优秀的心理品质，对于中小学生的发展也有重要的意义。

首先，学会合作有利于提升孩子的心理健康水平。心理学研究发现，善于合作的孩子更容易建立自信心，因为在跟别人合作解决问题的过程中，孩子能体验到自己的价值和能力，而如果问题成功解决了，还能获得成就感，这些都有助于孩子自信心的建立。此外，在相互合作的过程中，孩子还能建立良好的人际关系，获得团队的归属感。著名的心理学家阿德勒就说过，如果孩子没有学会合作，就容易形成独来独往的习惯，甚至会变得孤僻和自卑。

所以，让孩子学会合作，也是在帮孩子建立自信，获得团队归属感，从而提高孩子的心理健康水平。

其次，学会合作有利于提高孩子的学习效果。小学阶段的孩子，在学习上合作意识还是比较弱的。比如，一位三年级的小朋友，他从来不给同桌讲题，我问他为什么，他说："这是我想出来的，我不想告诉他，再说了，我告诉他了，他考试不就超过我了！"孩子的这种想法就是缺乏合作意识的表现，这样不跟同学交流，反而会限制他的进步。

后来我就告诉他，其实你给同桌讲一遍，你自己的记忆会更深刻，而且如果你帮助同学，以后你遇到不会的题，也会有同学来帮助你，这样互相合作与帮助，你们都会进步。孩子听了我的解释，这才开始经常跟同桌互相讲题。

合作有利于提高学习效果，这是有研究结果支持的。近年来，很多地方都在尝试合作学习的教学模式，就是让同学们分小组，进行组内的分工合作学习。在这个过程中，同学们都想给自己的小组做贡献，谁也不甘落后，所以学习的主动性有了很大提升；而且在小组合作中，每个同学都有自己的任务，都有发言的机会，如果想完成任务，同学们必须要独立思考，提出自己的观点，所以，孩子的独立思考和自主学习能力也得到了很大提升。

其实，早在两千多年前，我国大教育家孔子就说过"独学而无友，则孤陋而寡闻"，这也是在强调同伴交流与合作在学习中的重要性。

最后，学会合作也能帮助孩子树立规则意识。在团队合作中，大家都要遵守共同的规则，如果一人违反规则，就有可能损害整个团队的利益，所以孩子在参与团队合作的过程中，就能慢慢养成规则意识。

比如，一些一年级的小朋友做游戏，全班分成两组，进行接力传球，一个小朋友拿着球跑到几米远的地方，绕过一个障碍物，再回来，然后传给下一个同学，这样比赛哪组先完成。但是在传球的过程中，必须用手背托着球。有一个小朋友为了比别人快，他就用手拿着球跑。这样他们组的小伙伴就不乐意了，说："你这样犯规的话，咱们组就没分了。"这位小朋友本来是希望自己组能赢的，结果听到他这样做反而会让小组丢分，他就老老实实又按规则传了一遍。

在团队合作的过程中，孩子会知道，自己的行为就代表团队，如果自己不遵守规则，自己的团队也会受损失，从而让孩子形成规则意识。

所以说，合作这种积极的心理品质对发展中小学生的心理健康、提高学习效果、树立规则意识等，都有积极的影响。那么，父母应该如何让孩子学会合作呢？

第一，帮孩子树立合作共赢的意识。合作的前提是共赢意识，就是我们共同获得最佳利益。但是小孩子年龄尚小，往往表现出较强的自我中心倾向，竞争意识比较强，好像只有赢了对方，才能保护自己的利益。共赢意识就是让孩子明白，有时候争夺会让大家都达不成目标，反而互相合作才能让所有人都实现目标。

有一位心理学家设计了一个实验，把几个拴着细线的小球，放进一个玻璃瓶，瓶口每次只能容纳一个小球通过。让几个小朋友一人牵着一根线，然后这位心理学家突然说着火了，孩子们必须在十秒钟之内,让自己的小球出来。刚开始的时候,孩子们一听说着火了,所有人都急忙拉绳子,谁也不让谁,结果都堵在瓶口,谁也没有出来。经过多次失败后,小朋友们终于明白,如果大家都争先恐后,谁也不让谁,结果就是谁也出不来。最后,他们把各自的小球编上号,你是1,我是2,这样按照序号,一个一个出来,结果在十秒钟之内,所有的小球都顺利脱离了火海。

这个实验就是在训练孩子的共赢意识,有了共赢的意识,孩子才能很好地合作,最终有序地把那些小球救出来。其实在平时,父母也可以用类似的方法训练孩子。比如有一个二宝妈妈,她就非常智慧,孩子们之间有时候会抢玩具,她就对孩子说,如果这样的话,妈妈就没收玩具,谁也玩儿不了。后来,两个孩子都明白了,自己想玩儿玩具,必须让哥哥或者弟弟也有的玩儿,因为即使他把玩具抢过来,也会被妈妈没收。然后,妈妈就经常看到两个孩子一起玩儿,或者交换玩具玩儿,这也是在玩儿玩具中的合作,这样不仅增进了兄弟之间的感情,也让孩子学会了共赢合作。

所以,父母可以帮助孩子树立合作共赢的意识,让孩子意识到,只有相互合作,才能共同实现目标。

第二,引导孩子发现别人的优点。合作的过程,其实是一个优势互补的过程,每个人都不是完美的,但是每个人都有自己的优势,我们只有发现彼此的优势,才能互相友好地合作。假如两个人都很优秀,但总是互相指责,那也很难合作。所以,要让孩子学会合作,首先要让孩子学会发现小伙伴的优点。

比如,有一个朋友的孩子喜欢打篮球,七八岁就送去少儿篮球队进行学习。学习了一段时间以后,他就经常听到孩子说,我们队谁谁谁是最好的中锋，谁又是最好的后卫。孩子爸爸就很纳闷，因为以前孩子很自以为是，几乎不会夸奖别人。后来跟教练聊了以后才知道，教练除了训练他们打球的技术外，还非常注意培养他们的团队合作意识，一个非常重要的方法就是经常让他们说说自己队员的优点，这样，每个孩子都知道自己在团队中的优势是什么，既能获得存在感，同时又非常认可队友的优势，这样他们就能很好地合作，赢得一场又一场比赛。

这个教练的做法非常明智，让队员们互相发现彼此的优点，这样既能让每个人找到自己的位置，又能让他们更好地合作。其实日常生活中，父母也可以这样引导孩子。我有一个同学，就经常在家带孩子玩儿这样的游戏。准备一些糖果，把全家人召集在一起，让每个人轮流说说家人的优点。比如妈妈可以先说爸爸有什么优点，孩子有什么优点，每说一条优点，就给对方一颗糖，然后其他成员轮流说。孩子在这个游戏中，就能学会发现别人的优点，这样，当孩子需要跟别人合作的时候，他就能很快融入团队。

第三，鼓励孩子参加集体活动。孩子不可能从自己一个人的活动中学会合作，只有在集体活动中，孩子才能学会跟他人合作的方式和技巧，并从合作中体验到乐趣。

有一位上一年级的小朋友，他们家附近有所大学，他爸爸喜欢在傍晚的时候，带他去大学的操场玩儿。这个小朋友非常喜欢那个沙坑，经常拿着自己的小铲子在那里铲沙子玩儿。后来又来了一个小朋友，刚开始两个人要划清地盘，如果有一个人不小心越界了，另一个人马上就提醒对方，有一次还差点儿吵起来。后来这个爸爸就说："要不你们把地盘合起来，一起在上面建一个大城堡怎么样？"两个孩子一听，也觉得是个好主意,然后就开始分工合作,你铲沙子,我造围墙,一起忙得不亦乐乎。

这样一起盖了一次城堡以后,这个小朋友发现两个人一起玩儿比自己一个人玩儿沙子有趣多了,然后每天晚上都要跟那个小朋友去玩,俩人不仅一起在沙坑里玩儿,后来也开始一起踢足球、玩儿小飞机等,不仅学会了合作,还收获了友谊。

这就是带孩子参加集体活动的好处,孩子在跟别人一起玩耍的过程中,他们会体验到与他人合作的乐趣,这样他以后一有机会就会想和别人合作了。

11. 怎样培养有领导力的孩子?

领导力是素质教育中非常重要的能力,也是各国教育中最看重的品质之一,很多国家从小就培养孩子的领导力。但是很多父母对领导力的认识可能存在偏差。比如,有个妈妈说:"又不是所有的孩子长大后都要去从政或者当总裁,为什么一定要培养领导力呢?"还有一个妈妈说:"我们家孩子,性格胆小、害羞,长大后不适合当领导!"

其实,以上两位妈妈都误解了领导力的真实含义,她们认为有领导力的人必须是领导,而且要有能力发号施令,管理别人,甚至能改变世界。实际上,领导力不是权力,而是一种关键的能力。

我们可以从以下三个方面，理解领导力的真正含义。

第一，领导力的核心是能够影响别人，激励别人。哈佛大学的一位教授说："领导力表现在你的存在能使别人变得更好，而且当你不在的时候，你的影响力还能一直持续。"真正有领导力的人，不是用权力去镇压别人，而是用自己的热情和人格魅力去影响别人、鼓舞别人，而这样的人自然会有很多追随者。

我曾经看过一个关于领导力的演讲，演讲者讲述了这样一件事。一个女孩在父母的陪伴下去大学报到，但是新的环境和未知的大学生活让她感到很恐惧，在报到的前一天晚上，她告诉父母，自己还没有做好准备，想回去。父母安慰孩子说："要不我们明天去看看，现场感受一下，如果你还是觉得没有准备好，我们就回去，好吗？"女孩就答应了。

第二天排队报到的时候，这个女孩还是觉得自己没有做好准备，非常想回去。当她刚想开口跟父母说的时候，有一个高年级的学长从学生会大楼里走出来，呼吁大家关注一个当地的慈善组织，他一边给这些新生介绍这个组织，一边给每个人发一个棒棒糖。发到这个女孩子的时候，她用很惊恐的眼神看着这个学长，为了避免尴尬，这个学长就跟旁边另一个男生说："无论你用什么办法，把这个棒棒糖送给这个女生。"为了避免让这个男生尴尬，女孩就接过棒棒糖，然后学长就用开玩笑的口吻说："看看，看看，才离开家一天，就开始接受陌生人的棒棒糖了！"这一句话把所有人都逗笑了，女孩也笑了起来。

这个发棒棒糖的学长就是这位演讲者，他说四年后他收到了那个女孩的信，女孩在信中说，是学长的幽默和友善让她忽然想留下来，开始她的大学生活。她非常感谢这位学长，说学长在她的人生中非常重要。演讲者在结束的时候说，在生活中，我们都可能用自己简单的言行，给别人带来积极的影响，让别人变得更好，这就是领导力呀！

所以，领导力的核心是给别人带来积极正面的影响，让别人因为我们而变得更好。

第二，领导力是敢于承担责任。有领导力的人，不是自己什么也不用做，都让别人来做，真正有领导力的人，是能够承担责任的人。

马云讲过一个故事，他刚创办阿里巴巴的时候，由于存在法律风险，在线支付的问题一直解决不了。他作为公司的领导，也不知道怎么办。正一筹莫展的时候，他参加了一个世界青年领袖的论坛，在一个关于领导力的讨论会上，他听一个人讲到，领导力意味着责任感。马云恍然大悟，他一下子明白作为领导，他更重要的责任是敢于承担风险和责任，然后他马上给自己的同事打电话，说："线上支付的事马上去做，如果有什么后果，我一个人承担所有责任！"

毫无疑问，马云具有卓越的领导力，很重要的一点就在于他能在关键时刻敢于做决策，并承担风险和责任，从而让事业不断发展，也让更多的人去追随他。

第三，领导力是一种全局思维和协调能力。具备领导力的人，不一定是在各个领域都最强的人，但是一定是有全局观和组织协调能力的人。

比如汉高祖刘邦，他说："运筹帷幄，自己不如张良；管理国家，安顿百姓，自己又不如萧何；在战场上打胜仗，不如韩信。"那他是怎么取得胜利，当上皇帝的呢？他说："因为我会重用这三个杰出的人才呀！"这就是刘邦的全局观念和组织协调能力，所以他能带领大家，取得最终的胜利。

说到这里，我们就知道为什么要培养孩子的领导力了。领导力跟孩子未来的职业没关系，跟性格特点也没有关系，父母培养有领导力的孩子，其实是让孩子成为一个能给身边的人带来积极影响，敢于承担责任，有全局思维的人。

那么，怎么培养有领导力的孩子呢？

第一，培养孩子公众演讲的能力。公众演讲，不仅能帮助孩子锻炼勇气，增加自信心，还有助于领导力的培养和提升。很多具有领导力的人，他们同时也是很好的演讲者。这是为什么呢？我们之前说，领导力的核心是能给他人带来积极影响，而一场精彩的演讲，完全可以给听众带来积极正面的影响。

一位朋友跟我分享了他学习演讲的过程。刚开始，教练会教他一些具体的方法和技巧，比如怎么通过肢体动作、语音语调、面部表情等，让自己的演讲更有感染力，更能吸引人。但是等他掌握了这些之后，教练开始让他大量地读书、听更多名人演讲。教练说，演讲的本质是观点的输出，能给听众带来正面的、有价值的、有启发的观点，才能称得上一个优秀的演讲者。他就按照教练的指导，让自己的演讲尽量给听众带来正能量的观点。

后来，他果然成为一个非常优秀的演讲者，他的每一场演讲总能启发、感染很多人，经常有人写信感谢他，说他的演讲改变了自己的人生。

所以，父母也可以通过培养孩子的公众演讲能力来发展孩子的领导力。比如让孩子多看名人演讲、多看书，积累观点，多鼓励孩子在家庭聚会时发言等。

父母培养孩子公众演讲的能力，是为了让孩子可以用自己的观点给身边的人带来正面的启发和影响,当孩子能用自己的观点去影响、启发、改变人的时候,他就是有领导力的。

第二,锻炼孩子独自决策和勇于承担的精神。做出决策,承担风险,是领导力的重要因素。当然,父母不能要求孩子像马云那样,为一个大公司做决策,承担责任,孩子可以先从一些小事做起。

比如,一家人出去吃饭,让孩子选择餐厅,点大家爱吃的菜等,还可以让他策划家庭聚会等。有一对父母就非常明智,在孩子上小学四年级的时候,他们就经常让孩子策划一家人的暑假出游计划。第一次旅游的时候,他们让孩子带着大家玩儿,同时让他管着钱,每天吃什么、买什么让孩子决定,既要让大家玩儿好,又不能让钱不够用。刚开始孩子也没有经验,带着爸妈吃各种好吃的,喜欢什么纪念品就买,结果景点还没有参观完,钱就剩下没多少了。爸妈也没有指责孩子,而是问孩子怎么办,孩子觉得自己没有管理好钱,反倒有点不好意思,就把剩下的钱好好做了分配,舍弃了很多自己想买的东西,在景区看到想吃的小吃也不买了。孩子就在一次次带领着全家人旅游的过程中,学会了做决策,也学会了担当。

领导力意味着要做出决策,而决策就有可能失败,如果没有办法积极面对失败,那么孩子就会害怕做决策,也没办法在承受着压力的情况下,审时度势,做出合理的决策。所以,从小要让孩子试着做决策,并学着承担决策带来的结果。这样,孩子长大之后,才能敢于面对风险、承担责任,这就是领导力。

第三,培养孩子的组织协调能力。就像刘邦一样,他虽然各方面都不是最强的,但是他具有一种全局思维和协调能力,能把一群人组织协调起来,一起完成目标。

几年前,我带一些小学生参加夏令营。有一次,几个学生要负责设计一场文艺晚会,老师让他们先选出组长,然后由组长分配任务。老师刚说完,就有同学说:"我唱歌好听,我要当组长。"这时就有同学不服,说:"我画画好,我也要当组长。"还有的同学说:"我会演讲,我当组长。"正当大家争论不休的时候,一个小女孩说:"这样吧,你画画最好,那你就负责这次的宣传画;你才艺多,就负责节目编排;你演讲最好,那就给咱们当主持人。"她说完这些话,同学们谁也不争了,都开始做自己擅长的事情,这个女孩自然就成了组长,别的同学都开始从她这里领任务。

看到这一幕,我当时就想到,真正有领导力的孩子并不是一心想做老大、获得权力,相反,她可能不太在意自己是不是老大,而是想办法怎么让大家都协调起来,让整件事情向前推进。她有一种全局思维和合作精神,这就体现了她的领导力。所以,培养孩子的组织协调能力,父母可以在孩子面临团队任务的时候,引导孩子从全局着眼,关注团队的进步,这也是培养领导力的关键。

大多数父母都望子成龙，望女成凤，为了这个目标竭尽所能，在孩子身上付出了诸多心力，然而，令人遗憾的是，许多孩子却在发展的过程中越来越丧失活力，甚至扭曲变形，这其中的一部分原因是父母只关注孩子的学习，而忽视了孩子的身心健康。

无论孩子拥有多少知识，掌握多少技能，如果没有良好的身心健康作为根基，一切就宛如空中楼阁，失去了人生幸福的可能性。

在孩子成长的过程中，父母也常常会遇到下面这样的问题，比如，孩子做事总是三天打鱼两天晒网，该怎么培养孩子坚持的品质？孩子虚荣心强，总喜欢跟同学攀比，该怎么去引导？孩子容易"玻璃心"，无法面对失败怎么办？孩子的性格内向，应该去纠正吗？

这些问题其实就关乎孩子的身心健康，如果父母处理好了，就能促进孩子走向更积极、更健康的人生之路，如果处理不恰当，则有可能阻碍孩子的发展。每一个问题都需要父母去理解孩子行为背后的原因，从孩子长远的发展着手，采取有针对性的策略和方法，激发孩子内在的活力和自主性。

要想让孩子拥有健康的身心，父母就要培养孩子的自尊和自信，提升孩子抗挫折的能力；培养孩子良好的品格，让他拥有对自己行为负责任的健全的人格；促进孩子心智的成熟，让他最终成长为一个独立自主的人，实现自我价值的同时为社会做出贡献。

拥有良好的身心健康，孩子才是真正赢在了人生的起跑线上。

第七章

身心健康

01. 怎么吃能让孩子提升免疫力？

免疫力弱的人更容易感染病菌。防卫病菌入侵最重要的是免疫系统，要增强孩子身体的免疫力，如何吃是重中之重。

为此，我们结合中华医学会给出的建议，总结出以下四个重点，让孩子这样吃就能保证营养，增强免疫力。

第一，新鲜果蔬要加量。蔬菜水果能促使孩子体内免疫细胞的生成，父母每天给孩子所吃的蔬菜水果种类越多越好，并且应尽量多地选择深色的蔬菜水果，如西兰花、菠菜、车厘子等。因为深色的蔬菜水果在人体内能转化成抗感染的维生素 A，这能增强孩子呼吸道的免疫能力。

第二，在多种食物搭配中，多选择含有优质蛋白的食物。要提升孩子的免疫力，每天吃单一的食物是不够的，父母要保证孩子每天吃到不少于 12 种食物，并且在众多的食物中，要加量选择含有优质蛋白的食物。优质蛋白是人体内免疫系统的主力军。富含优质蛋白的食物，包括蛋、奶、鱼、肉、豆类、坚果等。

第三，保持足够的饮水量。多喝水能帮助孩子排出体内的废物和毒素。孩子喝水，不要等口渴了才喝，6~8 岁的孩子要保证每天至少 900 毫升的饮水量，9~12 岁的孩子要保证每天至少 1200 毫升的饮水量，当然也不要一次喝得太多,每次喝少量的水,分多次喝,效果最好。

第四,避免吃没有熟透的食物。不要让孩子直接吃生的或没有熟透的肉、蛋、奶类等食物,这可能会增加感染病菌的风险,高温是消灭病菌的重要方式。要让孩子吃熟食,切断病菌的传播途径。

02. 孩子挑食,怎么办?

面对孩子挑食,不少父母给孩子规定吃饭的种类和数量,告诉孩子:"你不能只吃肉啊,必须吃蔬菜,一定要吃完。"他们觉得这样才能让孩子营养均衡。但是这样做的后果是什么呢?

有一项研究表明,当一个人小时候被强迫吃过某种食物,那么从此以后他有72%的概率不会再吃那种食物。而且,父母施压越多,孩子挑食的程度也就越高,体重也会越轻。

那么,面对孩子挑食,父母该怎么办?在这里我们强调"三要三不要"。先说"三不要"。

第一,不要用食物讨孩子欢心。比如,有的父母拿炸鸡腿诱惑孩子吃蔬菜,虽然暂时管用,但是孩子对于喜欢吃的食物会更加渴望,这恰恰是在强化挑食。

第二,不要总在孩子面前说挑食这件事。有的父母不经意间就会说:"这孩子挑食,不爱吃水果。"这种说法说得多了,孩子就会觉得

"我就是这样的,就是不爱吃水果"。

第三,不要给食物负面的评价。 父母可以说,今天的土豆烧肉有点儿咸,但是不能说,这土豆烧肉太难吃了。父母要让孩子明白,菜不好吃可能是因为没做好,但不是食物本身难吃。

说完以上三点不能做的,那我们再说说"三要",父母应该怎么引导孩子。

第一,让孩子参与买菜、做饭。 不要让孩子坐等吃饭,利用周末的时间带孩子买菜、洗菜,做一些简单的菜,比如让孩子尝试做凉拌西红柿这种比较简单的菜,买一些儿童厨具,让孩子对做菜、吃菜增加兴趣。

第二,孩子不爱吃的菜变着花样做。 有的父母把孩子不爱吃的菜直接"开除"了,再也不做了,这会让孩子更加任性。父母可以把孩子不爱吃的食物换个花样做,做成包子、饺子、丸子等,把孩子爱吃的和不爱吃的食物混在一起做。如果孩子实在不爱吃某一种菜,父母也可以用其他菜代替,比如孩子不爱吃胡萝卜,父母可以给孩子提供深绿色的菜花、莜麦菜等,含有胡萝卜素的菜都可以。

第三,以孩子的需求为导向。 找到孩子的需求,比如女孩想要更漂亮,男孩想要更强壮,父母可以有意无意地对孩子说,菠菜中富含的维生素E吃了对皮肤好,吃了更漂亮;吃蔬菜和胡萝卜长个子快;吃鱼、核桃、花生会让我们变得更聪明。

父母这样说,就会引导孩子产生吃的欲望,而不是强迫孩子把吃饭吃菜当成任务,那样孩子就更加不爱吃了。

03. 孩子不爱运动，怎么办？

对孩子来说，每天像吃一样必不可少的事，就是运动。运动不仅能够让孩子的身体变得更强健，还能提高学习效率，帮孩子释放压力，调节情绪。父母可以协助孩子爱上运动，做好运动的规划，让运动为孩子的身心健康保驾护航。

具体来说，要怎么做呢？有以下三点建议。

第一，告诉孩子运动的好处，增加孩子对运动的兴趣。在这里，推荐一本书叫作《运动改造大脑》，这本书源自哈佛大学超过20年对于运动的研究成果。书的封面上写着"运动不仅可以健身，更可以健脑，运动让孩子更聪明"。父母也可以给孩子讲讲书中提到的"学习准备型体育课"，也就是在每天学习前先进行体育运动。

美国有一个高中，把学生每天的第一节课改成体育课，体育运动项目包括跑步、骑自行车、攀岩等。那么，在早上学生头脑最清醒的第一节课上体育课，会不会耽误学习呢？同学们表示："除了变得满身大汗和狼狈不已之外，我觉得一整天都更清醒了，学习效率更高了，而之前没有运动的时候，我经常感到迷迷糊糊的。"

半学期结束时，这个学校的综合考分为24.8分，超过了全州20.1分的平均成绩。实践证明，"学习准备型体育课"不仅让这个学校的

1.9万名学生成了全美国最健康的学生,也成了最聪明的学生。像这样的例子,父母讲给孩子听,就能增加孩子对运动的兴趣。

另外,除了运动能提高学习成绩,父母还可以有针对性地告诉孩子运动的好处。对于肥胖的孩子,父母要告诉孩子,运动能减肥;对于比较爱漂亮的女孩,父母要告诉孩子,运动促进新陈代谢,皮肤会更好;对于比较注重自我形象的男孩,父母要告诉孩子,运动能让你的身体更有力量,肩膀更强壮,更有男子汉的气魄;对于身体比较弱的孩子,父母要给孩子讲运动能提高抵抗力。总之,父母要根据孩子的需要,给孩子强化运动的好处,增加孩子对运动的兴趣。

第二,协助孩子找到适合的运动项目。父母要根据孩子的特点,找到适合他的运动项目。

一方面,要考虑孩子的可用时间,另一方面要根据孩子的身体情况和兴趣爱好。时间方面,正处于小学高年级的孩子,时间比较紧张,父母要节约孩子的时间,多做短时间的高强度运动,也就是让孩子尽最大的努力运动,加快运动的速度,在短时间内完成。比如,让孩子进行一分钟的跳绳运动,每次运动后,休息一分钟,一共运动五次,整个过程在十几分钟之内就可以结束。另外,像拳击运动、仰卧起坐、俯卧撑等都可以像这样做短时间的高强度运动,但是要注意安全。

孩子训练的强度也要循序渐进地增加,避免肌肉拉伤。如果孩子的心肺功能不太好的话,能不能进行短时间的高强度运动还是要请教专业医生。

如果孩子含胸驼背,父母要多让孩子做一些能打开胸腔的动作训练,女孩子多做扩胸运动,男孩子多做俯卧撑,这能让孩子很好地打开胸腔,增强心肺功能,孩子抬头挺胸的姿势受到强化之后,也会更加自信。

如果孩子身体比较虚弱,可以做一项最快补充体力和脑力的运动:蹦床。科学家研究过,怎么样能帮助宇航员最快地恢复体力和脑力,就是蹦床,蹦床比跑步、滑雪、游泳效果都要好。因为跳蹦床的时候,身体的每一个细胞都会参与到这个过程中,相当于身体运动的加速包。而且蹦床很受小学生喜欢,孩子蹦床的时候经常手舞足蹈,非常开心。

如果你的孩子经常因为磕磕碰碰而受伤,父母要多让孩子练习平衡运动,如倒走、爬行、闭着眼睛单腿站立、走平衡木、骑平衡车等运动,以增加孩子身体的平衡能力。

如果孩子要报课外运动班,在运动的种类选择上,父母要多尊重孩子的意见,让孩子自己选择喜欢和擅长的运动,效果就是最好的。在孩子小学低年级的时候,鼓励孩子多尝试不同的运动,让孩子享受运动的乐趣,不要批评孩子运动没常性,因为孩子只有在尝试的过程中有所舍弃,才知道自己更喜欢更擅长什么运动。当到了小学高年级,孩子对某项运动可能会表现出更多的兴趣或更高的才能,父母就要与孩子一起探讨,在哪一两项运动上做深度训练。

第三,把握运动量,设置具体的目标。

中小学生每天最好要进行 1 小时的运动,如果能达到 2 小时,对于孩子来说更好,但也要注意,不要让孩子运动过度,运动过度也会影响孩子的骨骼发育。

那么,运动适量的标准是什么呢?如果孩子运动之后身体出现疲劳现象,并且在 24 小时之内能够消除这类疲劳,就是很正常的;如果孩子长期不运动,突然加大运动量之后出现肌肉酸痛的现象,这也是正常的。

父母要看孩子是否运动过度,可以观察孩子连续三天运动后是否感到疲倦难以恢复,是否有嗜睡的现象,白天的精神是否萎靡,如果存在这些现象,那孩子可能就是运动过量了。另外,父母也可以用检测心率的方式测量孩子的运动量,在运动前后分别测量孩子的心率,如果运动后的心率不超过孩子原有心率的两倍,并且在停止运动后,心率很快就恢复了,那么孩子运动的时间和强度就是适合的。

通常来说,孩子只有在参加某种比赛训练时会运动过度,平常很少会出现运动过度的情况。孩子的身体是很智能的,累了都知道休息,而且体能恢复的速度比成年人要快。

掌握了运动的限量,父母要根据孩子的具体情况设置合理的运动目标,孩子的体育课和课间操已经有一定的运动量,那么针对孩子的课后运动,父母也可以引导孩子拟定一个具体的规划。

比如制订一个运动的周计划表,计划出每天的运动内容和时间。如:第一天,放学后去某某公园进行室外活动1小时,第二天,和爸爸妈妈玩儿萝卜蹲30分钟,第三天,打乒乓球30分钟等,以此类推。

运动计划的制订,父母要遵循以下原则:

(1)以孩子的兴趣为主,多选择孩子喜欢的户外活动。

(2)增加亲子运动游戏,让孩子在运动中感受到亲情的温暖,增加运动的兴趣。

(3)运动计划要做到可测量,制订好运动的次数或者时间。

(4)多种运动项目相结合,避免孩子身体某个部位过度疲劳。

当孩子每天完成运动计划之后,父母要给予孩子及时的肯定和反馈,称赞孩子有毅力,增加运动之后越来越聪明了,这样的反馈能促进孩子增加运动的动力。

04. 孩子撒谎，怎么办？

撒谎这件事，听起来是一个不太好的现象，但其实它也标志着孩子思维能力以及解读别人心理的能力提高了。

孩子撒谎一般都是为了免受惩罚或者为了得到某个好处。比如，孩子贪玩儿回家晚了，却说自己是补课写作业了；考试成绩不理想，孩子怕父母责怪，偷偷地改卷子上的分数；等等。

当父母发现孩子撒谎的时候，第一反应可能就是"小孩子不能养成撒谎的习惯"，但如果严厉地批评孩子，甚至是打孩子，孩子可能会非常害怕，又会因为害怕而撒更多的谎，或做出其他不合适的行为，甚至是伤害自己等。

中小学的孩子正处于道德发展的关键期，父母该怎么应对孩子撒谎的现象呢？

首先，了解孩子撒谎背后的理由，和孩子讨论更好的解决方法。要知道当孩子撒谎时，孩子本身也会感觉到愧疚的，其实这正是孩子需要帮助的时候。父母可以先去了解事情的前因后果，弄清楚孩子撒谎背后的理由。之后，父母可以和孩子讨论这件事如何能更好地处理。

比如，孩子不小心打破了客厅的花瓶，但是却撒谎说是奶奶打破的。父母了解情况后，就可以和孩子说："妈妈知道是你不小心打破的，你也害怕妈妈知道了以后会批评你。其实你可以和妈妈说实情,妈妈也会理解你的。花瓶打碎了很可惜,我们来看看,怎样能避免打碎花瓶呢?"通过问问题,让孩子自己想办法,避免造成不好的结果,把一次撒谎事件变成一次教育机会。

  其次,父母要为孩子树立诚实守信的道德准则和榜样。跟孩子沟通完之后,父母一定要给孩子树立诚实守信的道德准则,和孩子强调撒谎很可能会伤害到别人,也伤害自己,撒一个谎可能需要更多的谎言来掩盖,我们对别人诚实守信,别人才有可能对我们真诚、讲信用,我们才能和其他人建立长期的友好关系。同时,父母也要做好诚实守信的榜样,以身作则,不对孩子撒谎。

05. 孩子说脏话,怎么办?

  前段时间,有个妈妈和我说:"我儿子 8 岁了,上小学二年级。可能我平时太忙了,和孩子沟通也不是很多,但是前两天我突然发现孩子开始说脏话了。我就气得不行,小小年纪怎么能说脏话呢,就狠狠地教训了他一顿,恐吓他说,要是再听见他说脏话,听见一次,就打一次。但是没过两天,孩子就又说脏话了,真是头疼,到底要怎么教育孩子才好?"

  其实,小孩子刚开始学说脏话的时候,大多是觉得好玩儿,他并不明白，说脏话是不尊重他人的行为。父母要耐心教导孩子，具体该怎么做呢？

　　首先，稳住情绪，可以问孩子是跟谁学的脏话。小孩子的行为习惯都是从模仿开始的，如果孩子开始说脏话，那一定是从别人那里学来的。听到孩子说脏话，父母心里肯定不是滋味，但是父母不能一怒之下吓到孩子，而是要先稳住情绪，询问孩子是跟谁学的脏话。孩子可能会说是从同学那里，也可能是其他亲戚朋友那里。如果是从亲戚朋友那里学到的话，父母要告诉他们在孩子面前不要随意说脏话。

　　其次，引导孩子换位思考，及时进行道德教育。接下来，父母可以跟孩子说："你说脏话可能只是单纯模仿别人，觉得好玩儿，会受到其他人关注，但是说脏话是不尊重别人的行为，也是很不文明的，会招人讨厌的。你想想，如果别人对你说脏话的时候，你是什么感觉？是不是很不舒服呢？我们要做文明的孩子。"

　　最后，让孩子意识到说脏话的坏处，并用更好的方式来代替。孩子一般这时候就会意识到说脏话是不好的行为，但是孩子也有可能会说："我就是很生气，想让他难堪，谁让他惹我。"父母可以安抚孩子生气的情绪，并和孩子讨论，生气的时候可以用哪些更好的方式来处理，可以向对方表达，也可以跟妈妈表达，但是说脏话、打架等攻击别人的方式是不可取的。等孩子情绪被安抚之后，自然就会感受到父母的理解和支持，也会接收父母的建议了。

06. 孩子喜欢攀比，虚荣心强，怎么办？

最近，有不少父母都向我反映这个问题，说他们家的孩子越来越喜欢跟同学攀比，看到别人买了一个什么玩具，回来也非得让我给他买，尤其是球鞋，家里都有好几双了，都不便宜呢，还是不够，还要买新的。父母就觉得，现在的小孩虚荣心怎么这么强呢？

面对孩子这样的情况，父母该怎么办呢？

第一，搞清楚孩子的虚荣心是否过度。虚荣心是社交的产物，孩子从接触社会、开始交朋友开始，他们就会有很强的表现欲，想要通过玩具、衣服等来炫耀自己，博取别人的关注和认可。在一定程度上这是正常的，大多数孩子从上幼儿园开始就会有这种现象了。所以说，孩子偶尔想要买个新玩具，买两双好看的球鞋，是可以接受的，这是孩子正常的社交需求。如果发现孩子的这种需求已经明显超出范围，变得非常挑剔，只追求物质上的炫耀，父母就要重视起来，合理引导孩子了。

第二，为孩子建立多元的心理优势。孩子想要争强好胜，获得在社交群体中的地位，这是孩子获得自我价值感的重要渠道。但是如果孩子只是通过外在的玩具、衣服、球鞋这些物质条件来获得满足，是很不健康的，而且是不稳定的。父母要多去认可和发展孩子内在稳定的优势，让孩子在朋友中间能够觉得自己是被认可和尊重的。比如，有的孩子体能好，有的孩子学习成绩好，有的孩子乐于助人等。当孩子的心理优势是多元的时候，他就不会只想通过和别人攀比来满足自己了。

第三，父母要避免过度攀比，以身作则。其实很多孩子的攀比、虚荣的心态是和父母息息相关的。很多父母会一个劲儿地拿孩子的成绩和别人攀比，有时候也会通过过度消费来满足自己的虚荣心。这些孩子都会看在眼里、记在心里。他们就会学习父母的方式，看到同学有一个自己想要的玩具就想要买，而且是买多少都嫌不够。所以，想要让孩子不过度攀比，父母首先要以身作则，给孩子做一个好榜样。

07. 孩子容易"玻璃心"，怎么办？

一位四年级女孩的妈妈说："我家孩子一点也说不得，这次单元测验考了80多分，退步了不少，我就批评了她几句，结果她就委屈地大哭，还冲我大喊大叫，你说孩子怎么这么玻璃心呢？"

所谓玻璃心，是说人的心理很脆弱，就像玻璃一样，稍有不顺就会变得粉碎。玻璃心的孩子，心理承受能力往往都比较弱。一方面，这是由于一些家庭以孩子为中心，对孩子过于娇惯的结果；另一方面，父母过高的期待，常常给孩子带来压力和焦虑，也会让孩子无法面对挫折和失败。

那么，面对孩子的"玻璃心"，父母该如何做呢？

第一，帮孩子认识和处理情绪，给予情感上的支持。

就像上面案例中的女孩，她觉得自己没有考好，本来就已经很难过了，这时候妈妈的批评让她更加沮丧，到最后情绪就有点崩溃了。

当孩子遇到挫折的时候，最需要的其实是父母的接纳，这是孩子抗挫折能力的基石。妈妈可以先表达理解，并帮孩子认识和处理情绪。比如，妈妈可以说："你觉得这次考试不理想，肯定很难过吧？妈妈像你这么大的时候，有一次考砸了，也觉得伤心得很呢。"

当妈妈愿意回应孩子的感受，而不仅仅是事情本身，孩子就会感到被理解，感受到妈妈情感上的支持。这种支持会增加孩子直面挫折的勇气，而不会因为一次小小的失败就心理崩溃。

第二，帮助孩子正确认识失败，把挫折变成前进的动力。

失败，是一个人成长过程中必然会经历的体验，也是孩子走向成熟所必需的养分。面对孩子的失败，父母先要调整好自己的心态，如果父母无法容忍孩子的失败，孩子也会害怕失败，不顺心的时候就很容易陷入负面情绪中。

当孩子遇到挫折的时候，父母可以引导孩子思考，从失败或者挫折的经历中学到了什么，接下来有什么样的想法和计划，等等。还以上面案例中的女孩为例，父母可以引导孩子想想，考试没考好的原因是什么，是学习方法的问题，还是复习时间不够充分，或者是其他原因。然后，和孩子一起讨论接下来可以怎么做，比如改善学习方法、合理安排学习时间等，这样就把挫折变成了孩子前进的动力。

08. 孩子骄傲自满,怎么办?

一位妈妈说她家小孩上四年级,成绩很好,老师同学都喜欢。但是最近她发现,孩子有点骄傲,总觉得自己是最好的,还经常说别的同学笨,都不如他聪明。

妈妈很担心,她知道孩子这样会影响同学关系,以后也经受不起打击。遇到这种情况,父母该怎么跟孩子沟通呢?

首先,要反思一下表扬孩子的方式。 孩子成绩好,很多父母会这样说:"孩子你真聪明!""你就是最棒的!"其实,这种笼统的过度表扬容易让孩子形成一个虚幻的完美的自我,导致他产生骄傲的心态。父母可以表扬孩子努力,表扬具体的努力过程,这样他就知道,自己学习好是因为努力了,而不是天生就是最棒的。

其次,让孩子接纳自己的不完美。 很多表面上骄傲的孩子,其实内心是不能接受自己的缺点和劣势的,所以要处处表现得完美。所以,当孩子表现出一些劣势的时候,父母要平静对待,接纳孩子的不完美,慢慢地,孩子就能接纳自己的不完美,也就不会再攻击别人的不完美了。

最后,引导孩子发现别人的优点。 比如可以说:"妈妈发现,你朋友×××真懂礼貌,你眼光真好,能交到这么好的朋友!"孩子听到也会比较开心,这样妈妈就可以继续引导,让孩子说说这个朋友还有什么优点。父母可以经常这样引导,让孩子学会发现别人的优点。

09. 孩子没有主见,怎么办?

前段时间,我们接待过一个四年级的男孩,他和妈妈一起走进咨询室,我们问孩子:"你喜欢学校里哪个老师呀?"他说:"我不知道。"并把目光投向妈妈。妈妈不耐烦地说:"你自己说呗,你不是喜欢数学老师吗?"孩子便说:"喜欢数学老师。"之后,妈妈向我们抱怨:"我这个孩子就是这样,没有一点自己的主见,愁死我了。"

案例中的孩子为什么没有主见呢?据我们当时的了解,这位妈妈在平时对孩子的生活是处处包办、事事代劳,而在孩子犯错时又严厉批评,导致孩子在面临选择时小心翼翼,不敢表达自己,缺乏应有的自我管理和担当。

父母发现自己的孩子没有主见,该怎么办呢?

首先,父母要给孩子选择的机会。父母要理解孩子趋利避害的心态,孩子已经处于不自信的状态时,父母更要去认可和鼓励他。父母可以选择一些简单的场景,鼓励孩子做出自己的选择,孩子就会逐渐变得想要主动选择。可能在刚开始,孩子的改变会比较慢,父母要耐心地等待孩子,并及时对孩子的改变进行认可和鼓励。

其次，在孩子犯错时，父母要温和地引导。当孩子犯错的时候，父母千万不要严厉批评，因为批评只会让孩子感受到自己的无能，从而逃避选择，失去主见。面对孩子的错误，父母要平静接受，温和引导，把错误看作学习和成长的机会。这样，孩子才会愿意再次尝试选择，从而变得更有主见，更有担当。

10. 孩子不自信，怎么办？

越来越多的研究发现，自信对孩子的心理健康和行为表现都有重要的影响，自信的孩子在将来会拥有更好的经济前景、更高的生活品质和更多的幸福感。所以，父母都希望孩子能够成为一个自信的人。

我们就来说一说，如果感觉孩子好像处于不自信的状态，父母可以采取哪些具体的方法来帮助孩子。

第一，感觉孩子好像不自信，父母首先要做的就是判断孩子是否真的处于不自信的状态。

父母可以回想一下孩子最近的表现，是什么让我们感觉到孩子好像不自信。根据个案经验和父母的提问，这里我们总结出三类让父母或老师感觉孩子不自信的行为表现。

（1）害羞的表现：孩子在家人面前很活泼开朗，比较自在，想说就说，想唱就唱，但是在学校等其他环境中，孩子变得拘束，在课上不敢回答提问，不想当众发言，也不想跟不熟悉的人打招呼，甚至躲在父母身后。

（2）胆小的表现：孩子在有家人陪同时，表现得都挺好，但是让孩子自己单独做一些事情时，孩子会不敢去做，比如，害怕自己单独睡觉，不敢独自去超市，晚上不敢出门等。

（3）回避的表现：孩子遇到感觉有困难或有挑战的事情时，会容易哭，不想做，比如，因为上课没听懂而不想写作业，感到有难度的错题不想改，认为有挑战的事情直接逃避等。

而缺少自信的孩子有一个共同的表现是，不愿意尝试新的或有挑战的事情，害怕失败或让别人失望。因此，上面三类表现容易让父母觉得孩子不自信。

但需要注意的是，不自信的孩子可能有以上说到的这些表现，但是有这些表现并不代表孩子就是不自信，这涉及孩子人格发展中倾向性的部分，也就是我们常说的内外向。

我们可以回想一下自己的成长过程，当别人在评价我们是不是自信时，是否总会听到内向或外向的评价。因为我们会把外向跟愿意主动表达、与他人交流等联系起来，而把内向跟不愿意多说话、喜欢安静、不喜欢热闹等联系起来，所以在生活中，我们常会通过看一个人是否外向来判断他有没有自信。

因此，父母在关注自己孩子的行为表现时，需要特别注意：内向不等于自卑，外向不等于自信。因为，内向的人虽然喜欢独处，但也可以跟愿意交流的人说很多；外向的人虽然喜欢热闹，但也需要有自己的时间。所以，父母不要给孩子内向的表现贴上"不自信"甚至"自卑"的标签，而要更加理解孩子有自己丰富的内心世界。关于孩子内外向的特点，我们会在下一节详细介绍。

第二，如果父母明确知道孩子信心不足的方面，可以采取比较具体的方法帮助孩子。

如果父母发现孩子在最近一段时间内确实在某个方面有不自信的表现，可以多留意一下是什么事情让孩子变成这样。父母可以通过跟孩子谈心的方式，了解孩子是在哪方面缺少自信，以及在这方面缺少自信的真实原因。比如，在最近一段时间内，家里来客人时，孩子不太愿意跟客人打招呼，也不太跟客人交流。这时，父母可以先询问孩子的想法："我看到你好像不太喜欢跟客人说话，我想知道你心里是怎么想的，可以告诉我吗？"

父母可以采取比较具体的方法。

（1）教孩子保持自信的小技巧，帮助孩子养成自信的习惯。父母了解孩子在某个方面不自信时，可以适当地教孩子一些小技巧，增加孩子在这个方面的积极暗示，提高自己的自信心。

比如，在站立和行走时保持抬头挺胸的姿态，或在跟别人说话时直视对方的眼睛，这样可以传递出"我对自己有信心"的感觉。在生活中经常微笑，或在遇到挑战时对自己说"我可以"，会对自己有积极的暗示，也会给他人留下自信的印象。在交流和分享中，抓住机会表达自己的想法，多进行练习，才能自信地在别人面前表达自己。

（2）和孩子进行角色扮演，帮助孩子在亲子练习中建立自信。父母发现孩子在某一个方面不自信时，可以在家里跟孩子进行角色扮演的活动。比如，孩子很少在别人面前坚定地表达自己的想法。那么，爸爸妈妈和孩子可以扮演三个好朋友，一起表演在上学、游玩等情境中的事情，在扮演中可以多询问孩子的意见，引导孩子多表达自己的想法和感受。

在角色扮演的活动中，父母可以引导孩子自由地发挥和表达，并对此进行鼓励和肯定，帮助孩子建立自信。

第三，如果孩子处于不自信或自卑的状态中，父母可以从多方面采取方法帮助孩子。

如果父母发现孩子总是感到不自信或自卑，或者孩子有时也说不清楚原因，父母可以从保护孩子的自尊、建立积极的自我评价等方面帮助孩子提高自信，其实这些建议也同样适合原因明确的情况，可以运用在孩子感到不自信的方面。

（1）尊重孩子，重视并保护孩子的自尊感。

认真对待孩子提出的需求，重视自己对孩子的承诺。比如，孩子希望父母跟他一起玩儿新买的拼图，但是父母正好在忙其他的事情，父母可以跟孩子商量，先让孩子开始拼或者先玩儿其他的玩具，在30分钟之后可以跟孩子一起玩儿，不要因为正在忙而直接拒绝孩子。

耐心对待孩子提出的疑问。比如，孩子向父母询问他感到好奇的事情或者问题，如果父母也不知道，可以如实地告诉孩子，并跟孩子一起查找答案，而不要随便回答敷衍孩子。

当孩子向父母寻求帮助或者安慰时，不要嘲笑孩子。比如，孩子这次考试成绩不太理想，不要嘲笑孩子复习了很长时间却没考好，而要及时安慰孩子，跟孩子一起寻找没考好的原因。

父母还要特别注意的是，避免把自己的孩子跟其他孩子作比较，尤其是不要拿别人的优点跟孩子的缺点进行比较。父母可以多肯定孩子的优势，让孩子有信心提升自己的不足。

（2）多使用肯定评价，鼓励孩子认可自己。

一方面，在教育孩子的过程中，父母要多用肯定评价和鼓励，少用负面评价和批评。当孩子有进步时，要具体地表扬，即寻找值得赞美的具体理由，不要空洞地表扬孩子。因为具体的称赞可以给孩子自信，而空洞的表扬会让他自大。对于孩子有待提高的方面，父母可以给出建设性的评价。比如，在这次数学考试中，孩子的成绩不太理想，父母可以肯定孩子付出的努力，同时跟孩子说，需要特别补习一下错题的知识点，相信孩子下次可以做得更好。

另一方面，要鼓励孩子认可自己，多关注自己的进步。父母还可以在家里的一个地方摆放一些孩子的"成果"，包括手工制作、画画涂鸦、奖状证书等，通过成就感和荣誉感帮助孩子肯定自己。

此外，父母需要注意的是合理表达对孩子的期待，既不要期待过高，导致孩子压力很大，也不要没有期待，导致孩子失去动力，让孩子感受到合适的期望值，他会更有信心地学习和生活。

（3）自主选择，让孩子有做决定的机会。

父母可以给孩子自己做选择的机会。比如，周末有家庭出游活动，可以问问孩子有没有想去的地方或者其他想法；如果父母已经有相对确定的方向，可以给孩子提供选项，让孩子做出选择，如"这个周末你想去动物园还是博物馆"。

给孩子提供选择的范围，让孩子自己做出决定，会增加孩子对自己的信心。

（4）体验成功，让孩子做力所能及的事情。

父母要相信孩子，让孩子多做力所能及的事情，不过度保护孩子。孩子正在成长发展的过程中，有很大的潜力，父母可以让孩子在生活中选择自己想做的事情，为自己承担责任，帮助孩子多体验自己有能力做成事情的成就感。

如果孩子想做的事情有很多，父母可以跟孩子一起制订合适的目标，通过完成这些具体可实现的目标，帮助孩子获得积极的自我评价，提高自信心。

如果孩子在做事情的过程中遇到困难或者挑战，父母可以培养孩子解决问题的思维，通过适当的引导，帮助孩子找到解决问题的方法，这样可以让孩子积累实践经验，更加相信自己的能力。

另外，请孩子做力所能及的事情来帮助父母，可以让孩子感觉到自己被需要。比如，父母下班刚回到家，可以问问孩子："请你帮爸爸妈妈倒杯水，好吗？"当孩子做到之后，可以向孩子表示感谢。这能够让孩子体会到自己是被别人需要的，是可以帮助别人的，从而提高对自己的肯定和信心。

（5）在生活中，从成长的多方面培养孩子的自信。

教孩子从小认可自己的长相。比如，告诉孩子不管眼睛大还是眼睛小，只要眼睛有神就是好看的，增加孩子对自己外表的自信。

让孩子选择自己的衣服。给孩子买衣服时，可以让孩子挑选颜色和款式，也许孩子有自己的审美，父母不要直接否定孩子的选择，如果实在不合适，父母可以跟孩子一起商量。

和孩子平等相处和交流。父母可以和孩子一起看他喜欢的动画片，跟他讨论喜欢的人物和情节，对他的观点表示感兴趣并让他做分享。

让孩子体验当家的感觉。比如，带孩子去超市，可以把钱交到孩子手里，让他递给收银员，逐渐让孩子自己掌握零用钱，增加孩子的生活自信心。

11. 孩子性格内向，是缺点吗？

有一个妈妈非常担忧地跟我说，她家孩子上小学三年级，非常内向，平时朋友也不多，见到长辈或者老师也不敢主动打招呼。还说孩子一点也不活泼、不可爱。她说，孩子这么内向，怎么适应未来的社会呀？

关于孩子内向的问题，相信很多父母有跟这位妈妈一样的困惑，认为内向的孩子不善于表达自己，也比较自卑胆小，处理人际关系的能力也不行，担心孩子未来发展得不好。其实，这都是我们对内向孩子的误解和偏见。内外向本来没有什么好坏之分，也不决定孩子未来成就的大小。

今天，我们就来讲一讲内外向到底是怎么回事，以及内向的性格有哪些潜在的优势，父母又该如何对待内向的孩子，帮他们更好地成长。

先说说内外向是怎么一回事。

内外向，在外部表现上的差异很明显。比如外向的人善于交际，热情开朗，朋友很多；而内向的人，经常是不善言谈，比较内敛，容易害羞等。其实，这些只是内外向的表面差异，更深层次的差异是他们获取能量的方式不同。我们每个人，每天工作、生活、与人打交道，都需要一定的心理能量,当能量足的时候,我们就愿意参与各种活动,而能量不足的时候,我们就对什么都没有兴趣。

我们都是怎么获取心理能量呢?外向的人从与他人的相处中获得能量,而内向的人从一个人独处、思考中获得能量。这是内外向的根本差异。

比如同样是上了一天班,非常累了,外向的人会拉上一帮朋友,去聚餐、逛街、玩儿,在这个过程中他就能恢复能量,变得精神饱满。而内向的人喜欢回家,独处一会儿,自己看看书,写写字,这样他的能量就恢复了。这就是为什么聚会中一般都是外向的人是大家的焦点,因为他是在获取能量,他很享受那个状态。而对于内向的人,这个过程就是在消耗能量,所以他表现得消极,不能很积极地参与。

所以,内外向的根本差异,不是看一个人如何用他的能量,而是看当一个人能量用完的时候,他是如何补充能量的。外向的人通过跟外界的互动补充能量,而内向的人通过独处来补充能量。

内向跟自卑、害羞、能力差等这些标签都不是一回事,内向的人同样可以站在一个万人演讲台上,大大方方,侃侃而谈。比如相声演员郭德纲。很多人认为,台上妙语连珠的郭德纲是个很外向的人,但实际上,他是一个极其内向的人。他自己说,他在台下经常一句话都不说,朋友也很少,经常自己一个人在屋子里读书或者写相声,一待就是一天。

郭德纲的例子说明,虽然内向的人不喜欢社交,很多时候也不那么热情,其实,他们是在用自己的方式积蓄能量,在需要的场合,他们一样能大放光彩。

那么问题来了,就像上文中的那位妈妈一样,为什么我们会对内向的人有偏见呢？这是因为外向性格的人，他们的优势很明显，比如热情活泼、积极主动，在人群中总能脱颖而出，获得更多的关注和欣赏。相比之下，内向性格的人就显得比较被动，也不那么引人注目。

所以很多父母担心，内向的孩子跟外向的孩子相比，会缺乏很多优势，丧失很多机会。其实不是的，内向的人也有很多潜在的优势。

第一，内向的人更容易深入思考，也更善于分析。上文说了，内向的人从独处中、从自己的内在世界中获取能量，所以他们很容易进入深度思考，善于钻研复杂高深的问题。在美国的西雅图，有一个七岁的小男孩，平日里他非常喜欢翻阅《世界百科全书》，经常一看就是几个小时，甚至连妈妈叫他吃饭都听不见。再大一点的时候，他喜欢一个人在地下车库专心捣鼓自己的事，谁也不理，有时候妈妈忍不住问他到底在干什么，他会说："我在思考！"妈妈觉得这个孩子有问题，带他去看心理医生，医生对妈妈说："你最好不要干涉他。"后来，这个小男孩长大后创立了微软公司，他就是比尔·盖茨。

内向的人善于分析，这个优势正是基于他们善于深度思考才得以凸显，只有经过深度思考，才能找到众多信息背后的联系，看清楚问题的实质。著名心理学家苏珊·凯恩写了一本书，叫《内向性格的竞争力》。在书中，她分析了巴菲特的内向性格和他成功之间的关系。巴菲特性格内向，但是善于深思和分析，所以他总能发现别人发现不了的信息预警，从而做出正确的选择。

比尔·盖茨和巴菲特的例子都说明，内向的人在深入思考和分析问题方面，都有很强的竞争力，内向的性格特征是影响他们事业成功的重要优势。

第二，内向的人更有同理心，更容易理解别人的情绪、情感和需要。内向的孩子花大量的时间独处,能细腻地关注和觉察到自己的情绪、情感,也更容易理解别人的内心感受。所以他们更理解人的情感和需求,而这个特质可以很大程度上帮助他们成功。

比如著名的英国作家J.K.罗琳,她是一位较为内向的作家,但是她创作的《哈利·波特》系列受到全世界儿童的喜爱。就因为她有细腻的情感,能体会到小说里各种人物在各种情节下的心理活动,从而写出他们相应的行为表现,所以这些人物就非常真实,非常自然,小朋友们就特别喜欢看。

再比如著名导演和演员周星驰,他也是一个不善表达的人。但是,他拍的电影为什么让我们感动,让我们百看不厌?因为他的电影中有最真实的感情,有他对爱情、对人性、对人的需要和情感最深刻的思考。正因为他自己有细腻的情感,能体会到我们共同的情感需要,所以他用电影表达出来的东西才能引起那么多人的共鸣。

这些潜在优势都有助于内向的人获得成功。调查显示,在所有成功者中,性格内向的人占了70%。所以,孩子内向不是缺点,关键是父母如何发挥他们的优势,让孩子按照自己的天性,自由地成长。

对于内向的孩子,爸爸妈妈应该怎么对待他们呢?

首先,尊重和接纳孩子本来的样子。我们发现很多内向的孩子会为自己的内向而自卑,而他们的自卑最初都来源于身边的人对他们的不认可。内向的孩子容易被忽视,甚至有些父母总说他们怕生、胆小、没礼貌等。这种负面评价会被孩子接受并内化,形成他们对自己的看法,所以也会不接纳自己,这种对自己的不接纳才真正让他们自卑,也束缚他们的成长。所以,父母最需要做的就是改变对内向的孩子的态度,接纳和尊重他们。

父母对孩子的尊重和接纳可以表现在很多方面。比如在学习上，父母给孩子时间深入思考，让他用自己的方式弄清楚知识之间的内部联系；比如在社交方面，父母尊重孩子不喜欢社交，不嘲笑他朋友少，而是要相信他总会遇到志趣相投的人，建立深刻的友谊。

当父母能接纳孩子的时候，孩子就能接纳自己了，就不会因为内向而产生自卑心理。

其次，当孩子因为内向，遇到不公平待遇的时候，父母要给孩子力量，让他看到自己的优势。

一个内向但很优秀的高中生，曾给我讲过他的故事。他小时候因为性格内向，经常独来独往，很少主动去交朋友，在班里也沉默寡言，当时就有小朋友说他傻，整天闷声闷气的。他听到之后很难过，也对自己产生了怀疑，回来跟妈妈说了，他妈妈却跟他说："妈妈觉得你很好啊，你不喜欢热闹，这是你的特点，但这不是你的缺点。妈妈知道，你也很有自己的想法，爱思考，很善良。同学们感觉你跟他们不一样就说你，是他们的不对，妈妈相信，你一定能找到适合自己的小伙伴！"听妈妈这样说，他非常开心，一下子底气就足了，同学们的嘲讽再也没有影响他，他也从来没有刻意让自己变得活泼热情。我遇见他的时候，他依然内向，不善言谈，但是成绩很好，而且气质是非常从容自信的。我想，这是因为他妈妈对他的接纳和鼓励。

所以，当父母能看到孩子的优势，给他们力量，他们就能更勇敢地做自己，更健康地成长。

人力资源顾问罗杰·安德在多年的工作中发现，有 98% 的成功人士之所以成功，是因为他们从事了与自己性格相适应的工作。这又一次证明，内外向并没有好坏之分，并不存在哪种性格的孩子更容易成功,重要的是,父母接纳孩子本来的样子,这样孩子也会接纳和认可自己的性格,发挥出自己的优势,成长为最好的自己。

12. 如何培养孩子坚持不懈的品质?

最近接到一个妈妈的电话咨询,说孩子做事总是三天打鱼两天晒网。比如,放寒假了,孩子跟妈妈一起制订了计划,每天练习毛笔字30分钟,可是没过几天,孩子就找各种借口,不愿意继续坚持下去了。妈妈担心地问,这孩子做事总是半途而废,该怎么办呢?

我们知道,坚持是一种重要的意志力品质,养成这样的品质对孩子一生的学习和生活都很有帮助。那么,父母该如何培养孩子坚持不懈的品质呢?

第一,父母做好表率,做事有坚持性。父母的态度会潜移默化地影响孩子,父母希望孩子坚持,那么父母自己是不是能做到坚持呢?一个妈妈和孩子约定,每天孩子练习钢琴半小时,妈妈读书半小时,两个人互相督促。孩子有时候想偷懒,但看到妈妈每天都读书,也就坚持练琴了。当父母做好了表率,身体力行坚持去做一件事,就给孩子树立了有恒心、有毅力的榜样,孩子做事也会更有坚持性。

第二,针对孩子的进步和过程进行鼓励。比如,当孩子坚持练字一周之后,父母可以这样对孩子说:"你这周每天都能专心练毛笔字半小时,在用笔的方法和字的结构上都有了进步,妈妈真为你感到骄傲!"当孩子受到了鼓励,就会更愿意坚持下去。

第三,将学习成果可视化,增加成就感。比如,当孩子练习毛笔字一段时间后,父母可以挑出孩子写得比较好的一幅字,把它贴在家里比较醒目的位置,也可以在过年的时候,让孩子来书写家里的对联。这种学习成果的可视化展现,能让孩子产生成就感,激发他坚持下去的热情和动力。

13. 如何培养孩子的责任心?

前几天一位妈妈说:"我家孩子写作业马马虎虎,就是应付差事,去学校忘了带练习本,回来还埋怨我没有帮他整理好,都五年级了,自己的事情一点也不上心,这孩子怎么这么没有责任心呢?"

我们都知道责任心的重要性,无论在工作中、家庭中,或者在社会上,一个有责任心的人才能为自己的行为负责,才能担当重任。而在现实生活中,一些人长大后依然在啃老,这就是缺乏责任心的典型表现。

父母该如何从小培养孩子的责任心呢?

第一,孩子自己能做的事情,让他自己去做。从孩子小的时候起,父母就要有意识地让孩子去做他力所能及的事情,比如,孩子会自己吃饭、穿衣服了,父母就不要再代劳去帮他做。孩子刚开始做的时候,可能会比较慢,也可能会做不好,比如,系鞋带要系上半天,这时候父母切不可打击孩子的积极性,对孩子说:"你怎么连这点儿小事儿也做不好!"更不可把孩子推到一边,自己替代孩子去做。父母的包办代替,剥夺了孩子为自己的事情负责的机会。孩子只有在自己做事的过程中,才会明白哪些事情该由自己负责,这样他的责任心就慢慢培养起来了。

第二,向孩子示弱,让孩子懂得责任与分担。在孩子眼中,父母越强大,他们对父母的依赖性可能就越大。有位妈妈自己生病了,还要强撑着给孩子做饭、洗衣服,而孩子却在旁边玩儿游戏,还抱怨妈妈做的饭不好吃,这位妈妈就感到很委屈,觉得孩子不体谅人。其实,这就是因为父母太强大了,反而难以培养孩子的责任心。如果妈妈在生病的时候,能告诉孩子自己身体不舒服,让孩子给自己端水送药,照顾自己,孩子就会感到自己是能为家人提供帮助的,责任心也会被激发出来。所以,父母可以通过适当地向孩子示弱,让孩子懂得责任和分担。

第三,肯定和鼓励孩子的责任行为。当孩子表现出有责任心的行为时,父母要及时给予肯定和鼓励,强化孩子的行为。比如,孩子自己整理好了书包,收拾好了房间,父母可以跟孩子说:"你把书包整理得这么有条理,房间收拾得这么干净整洁,让人看起来赏心悦目,妈妈真的为你感到骄傲!"当孩子的正向行为得到关注和肯定,他就更有可能在以后做出类似的行为。

14. 如何培养孩子积极乐观的心态?

许多父母都反映说,现在的孩子生活条件是越来越好了,但是却越来越不快乐了。研究也表明,现在患抑郁症的孩子越来越多,18岁以下的青少年中有1/3的孩子都有抑郁症状。

看到这样的数据,不免让我们感到担忧。父母如何让孩子拥有乐观的心态,降低抑郁的风险,提升幸福和快乐指数呢?

积极心理学家马丁·塞利格曼在《教出乐观的孩子》一书中提出,悲观和乐观并不是与生俱来的,而是从后天习得的,孩子是不是能养成乐观的心态,关键在于解释风格,也就是对事情的原因的习惯性看法。一个人的解释风格是从童年时候就开始发展的,如果父母不干预的话,就会保持一辈子。

解释风格是积极的还是消极的,有三个重要的判断维度——永久性、普遍性和个人化。下面我们用一个例子来说明。比如,孩子某次期末考试数学成绩很糟糕,他对这件事的看法可能会有几种情况。

孩子回家后沮丧地对妈妈说:"我永远都不可能学好数学了!"这就是永久性的维度。孩子把一次考试失败看成"永远"存在的,而且是不会改变的,这是一种消极的解释风格。这时候,父母可以引导孩子说:"你只是这次暂时没有考好而已。"当孩子拥有了积极的解释风格，就会把困难看成是暂时存在的，认为坏事情是可以改变的。

那什么是普遍性的维度呢？如果孩子说："我数学考试每一次都考不好！"这就是把一次的失败给普遍化了，这种消极的解释风格会让孩子很容易就放弃。这时候，父母要如何引导呢？你可以对孩子说："虽然你这一次考得不好，但是你之前的数学成绩还是不错的，你要相信自己能学好数学。"这就是积极的解释风格，会让孩子对自己更有信心，遇到困难也更容易坚持下去。

最后一个维度是个人化。如果孩子说："我就是我们班里最笨的人！"像这样把失败完全归因于个人的智商，就是一种消极的解释风格。遇到这种情况，父母可以引导孩子说："你只是因为前一段时间没有好好复习准备，所以考砸了。"这种积极的解释风格可以让孩子不会单纯地怪罪自己，并能分析自己失败的原因，为自己的行为负责。

当父母发现孩子在这三个维度上表现出消极的解释风格时，一定要及时进行正向引导，把积极的解释风格传递给孩子，让孩子变得更加乐观。

15. 如何引导孩子认知生命？

自疫情出现以来，新闻报道每天在更新疫情确诊、疑似、死亡和治愈的数字，每一个数字的变化都会引起我们的关注和情绪的波动，因为这些数字代表的是生命。

孩子看到这些数字会怎么想呢？他们可能会问："这些生病的人会被治好吗？他们会不会死？"当孩子提出类似的疑问时，其实是对孩子进行生命教育的合适时机。通过生命教育，父母让孩子感悟到生命的意义，从而更加懂得珍惜生命。

给大家推荐一种亲子绘画的方式，以绘画为载体，引导孩子认识生命。

首先，父母邀请孩子一起画画，绘画的主题是"生命"。

父母可以提前准备好纸和笔（如果家里有彩铅会更好），然后告诉孩子在纸上画出任何与生命相关的联想或理解。如果孩子画不出来，父母可以进行引导。比如，提到生命，我们会联想到一片发芽的绿草、一棵茂盛的大树、一个快乐的孩子等；父母也可以进行示范，比如，从自然规律的角度来看，生老病死是生命的组成，父母可以通过联想将这些内容呈现在绘画中。

然后，父母通过画和孩子一起分享对生命的认识和理解。

画完之后，父母就可以通过画来和孩子讨论生命的话题。比如，父母可以说，"孩子，你画的是什么呀？能跟爸爸讲讲吗？你是怎么想到这些的呀？"父母也可以主动向孩子介绍自己画的内容。比如，"说到生命啊，爸爸想到了出生、成长、变老、生病和死亡，我就画了破壳而出的小鸡、刚成年的孩子、上了年纪的大树、生病的老人、缺水而亡的金鱼来代表这些。"父母还可以跟孩子说："我们每个人都会经历从出生到死亡的过程，生命的过程是美好的，爸爸和妈妈会陪着你成长，我们都要珍惜生命，热爱生命。"

另外，如果孩子画了跟死亡有关的内容，并且比较害怕死亡的话，父母一定要重视，而且要对孩子进行死亡教育。当孩子问什么是死时，父母可以说："死亡就是不能再呼吸、吃饭、走路或说话了。"同时，还需要给予孩子安抚，告诉孩子："妈妈知道你很害怕，死是每个人都会经历的事，但是我们还会活很长时间，爸爸妈妈会陪伴你长大、结婚、变老，我们身边还有很多亲人和朋友会相互陪伴。"

绘画本身就是可以释放情绪的，如果孩子很难用语言表达的话，用画画的方式表达也是很好的。要知道，孩子会害怕死亡是很正常的，关键是父母要给孩子足够的陪伴和理解。在孩子的情绪稳定之后，可以跟孩子说："生命是美好的，我们要珍惜生命。"

16. 如何对孩子进行性教育，教孩子保护好自己的身体？

前不久有这样的一个新闻，6岁女孩被邻居家13岁男孩侵犯，等妈妈发现时，才知道女儿被侵犯的时间已经长达一年之久。

据女童保护公益组织统计，2019年在媒体上曝光的性侵儿童案件共301起，受害儿童逾800人。其中女童占比92.83%；男童占比7.17%。被侵害的孩子年龄最小的仅为4岁。但这些其实并不是最真实的数据，因为媒体曝光的案件也仅是实际发生案件的冰山一角。

更可怕的是，很多儿童并不知道自己被侵犯了，他们不知道发生了什么。父母要对孩子进行性教育，教会孩子保护自己，已经是不可缺少的一课。父母可以这样教孩子保护自己。

第一，泳衣泳裤遮住的地方属于隐私部位，这是属于自己的秘密，不许别人看、不许别人碰，更不许别人拍照。当然，在父母的陪同下检查身体除外。也要告诉孩子，要尊重别人，不能碰别人的隐私部位。

第二，反复给孩子强调"身体是自己的，当你感到不舒服的时候，你有权利拒绝"。在性侵案件中，熟人作案的比例高达 85%，所以，仅仅告诉孩子不要跟陌生人说话是不够的，很多时候，熟人不正当的抚摸和身体接触，就已经是在侵犯孩子了。父母要让孩子知道，好的接触是让自己感到安全的、开心的、光明正大的接触，坏的接触是让自己感到不安的、紧张的、怕被别人知道的接触。无论是谁让自己感受到坏的接触，都要拒绝。

第三，让孩子学会及时求助。告诉孩子，如果有人接触了我们身体的隐私部位，一定要大声说"不"，跑到安全的地方，及时告诉自己的爸爸妈妈，直到受到保护为止。

在孩子的成长过程中，父母担负着义不容辞的责任，也面临着不断需要调整的角色。

对于孩子，父母的理解、接纳、支持和引导能促进孩子更好地成长；而对于伴侣，在日复一日的琐碎小事的消磨中，许多夫妻发现彼此的矛盾和冲突开始增多，甚至出现为了孩子而凑合的婚姻状态。也有一些夫妻在孩子的教育问题上产生分歧，甚至经常发生争吵，让双方都感到身心俱疲。

如果夫妻关系出现问题，常常会给孩子带来负面影响，也会给整个家庭带来伤害和痛苦；而如果夫妻关系和睦，孩子就会在家庭中感受到更多爱的氛围，幸福指数也会更高。所以在家庭教育中有一个很重要的观点就是：夫妻关系大于亲子关系。父母给孩子最好的礼物，是和谐有爱的夫妻关系。

在抚养孩子的过程中，隔代教育也会产生这样那样的问题，让家庭中的矛盾更加复杂和多元化。如何巧妙地化解隔代教育的分歧，寻求教育上的一致性，也成为许多父母需要面对的难题。

作为父母，要跟上孩子成长的脚步，自身也需要不断学习和进步，同时父母也要关注并满足自己的需求，让自己的生活更加平衡、充实，这样一来可以给孩子树立自我成长的好榜样，二来也会有利于父母缓解焦虑，用更平和的心态养育孩子。

我们常说，陪伴是最长情的告白，对孩子来说，最好的陪伴就是和孩子一起成长。

第八章

父母角色

01. 怎样做不焦虑的父母？

在养育孩子的过程中，许多父母的生活充满了焦虑，比如，3岁之前，为孩子不好好吃饭而焦虑；要入园了，为上哪个幼儿园而焦虑；等到上小学了，又为孩子学习成绩不好而焦虑，似乎总是有太多的事情让父母感到焦虑、烦躁。

焦虑的背后到底是什么呢？父母又该如何缓解焦虑呢？

焦虑的背后，其实是对不确定的未来的一种担忧。很多父母认为，只有精英才会有未来，所以他们千方百计地想要把孩子打造成精英，而不顾孩子的自身情况，这正是许多父母焦虑的源头。具体来说，焦虑的原因有以下三个。

第一，父母常常有意无意地把自己家的孩子跟别人家的孩子相比较。比如，有的父母看到别人家的孩子多报了两个培训班，就会开始焦虑，只怕自己家的孩子落后于别人。

第二，父母总是盯着孩子成长中的一些问题。比如，看到孩子注意力不集中，看到孩子写作业磨蹭拖拉，成绩开始下降，父母就会开始焦虑。

第三，父母常常放大问题的严重性。比如，孩子有一次没考好，父母就开始担心孩子将来考不上重点中学，害怕孩子考不上好大学，之后找不到好工作,孩子这辈子是不是就完了。这种把问题放大的思维模式会让父母一直处于焦虑中。

父母的过度焦虑会传递给孩子。心理学研究发现,在焦虑的环境中成长起来的孩子,自己也会表现出较强的焦虑感。

那么,作为父母,我们该如何缓解焦虑,保持更平和的育儿心态呢?

首先,看见和接纳孩子本身。每个孩子都是独特的个体,与其盲目地跟别人比较,父母不如把目光投注在自己的孩子身上。孩子在目前的成长中需要哪些帮助?孩子有哪些优势和兴趣爱好?当孩子有情绪的时候,父母能理解并体会他的感受吗?只有看到孩子本身,看到孩子的需要和感受,父母才能真正接纳孩子,体验到跟孩子更深的情感联结,缓解焦虑感。

其次,理解孩子问题背后的原因,提供有针对性的帮助和支持。总盯着孩子的问题,会让父母越来越焦虑,而了解问题背后的原因,父母才能有的放矢地帮孩子解决问题。比如,当孩子学习成绩下降的时候,父母要去看看,是孩子的学习动力出问题了,还是学习方法不恰当,或者是由于情绪问题而影响了学习,然后给孩子提供有针对性的帮助和支持。

最后,父母要懂得发展自我。父母对孩子的过度焦虑,往往是由于把过多的关注都放在孩子身上,却忽略了自己。有的妈妈几乎把所有时间和精力都用来陪孩子学习,结果孩子的学习成绩并不理想,妈妈就极其焦虑。其实,父母可以把一些时间留给自己,用来学习和充实自己,这样一来给孩子树立了好榜样,二来也能减少亲子之间的压力,有利于父母缓解焦虑,用更平和的心态养育孩子。

02. 生活被工作和家庭充满,如何寻找自己的空间?

在这么多年的家庭教育工作中,我遇到过很多为孩子操劳的父母。有一些父母为了孩子的问题愁眉苦脸,每天奔波于家庭和工作之间,被各种问题折磨得遍体鳞伤。当我问他们,平时你会怎么放松呢?父母们都会说:"哪有时间放松呢?还有这么多事等着我去做呢。"

当父母的生活被各种问题填满的时候,说明父母的压力已经很大了,尤其再遇上孩子的一些问题,父母会更焦虑。解决焦虑最好的方法就是改变结果,解决棘手的问题,但是当问题一下子难以解决的时候,父母也要学会在这个时候调整自己,释放压力,这样才能更好地应对生活中的难题。

这里先问大家一个问题。给大家 5 秒钟的时间,大家在心里想想你最爱的三个人分别都是谁。(停顿 5 秒)这三个人里有你自己吗?我之前做过很多次这个实验,大部分朋友都会说:"孩子、父母、老公(老婆)、姐姐(弟弟)……"很少会有提到自己的。

当父母的时间被填满,没有自己的空间时,可能是父母平时把自己的地位放得太靠后了,所以才难以抽出属于自己的时间和空间。那么,父母要如何寻找自己的空间呢?

第一,父母要关注并满足自己的需求。平时父母都是把孩子、家人的需求放在第一位，其实也可以偶尔把自己的需求放在第一位。比如，去看一场电影，吃一顿大餐，或者和朋友去旅行等，做一件自己一直想要去做的事情，去满足自己。当父母主动关注并且满足自己需求的时候，会感受到自己的重要性，自己的价值感会上升，压力感也会降低，就有更多的力量去面对生活了。父母只有先照顾好自己，才能更好地爱我们的家人。

第二，留出给自己的专属时间。父母不仅要关注自己的需求，也要刻意地留出给自己的专属时间。这个时间可长可短，大家可以根据自己的情况来决定。比如，可以在每天晚上9点，把孩子、家里的事情处理完之后，留半小时的时间给自己，在这个时间里父母只和自己在一起，可以看书、娱乐，或者做一些正念、冥想的练习都可以。这个时间的仪式感很重要，当父母全身心投入在这个时间里，身心都会得到极大的放松。

所以，当父母发现自己的生活已经被工作和家庭充满时，要关注并满足自己的需求，留出给自己的专属时间，好好爱自己，这样才能有更好的状态去面对生活和家人。

03. 父母吵架被孩子看见，怎么办？

一位妈妈说，自己和老公有一次在家吵架，没注意到四年级的女儿放学回来了，那次吵得比较厉害，她准备摔门而去的时候，才发现女儿就站在门口。接下来一段时间，女儿写作业比之前拖拉了，有时候还拿着笔在那里愣神，她很担心，女儿因为他们夫妻吵架而影响了学习。

英国的一项研究表明，如果父母经常当着孩子的面吵架，不但会影响孩子的大脑，还会导致孩子在成年后更容易患上心理疾病。经常吵架的家庭环境会让孩子变得没有安全感，既影响孩子的学习，更会对孩子的性格、心理健康产生不良影响。

那么，如果发现吵架被孩子看见了，父母应该如何采取补救措施，把对孩子的伤害降到最低呢？

首先，吵架之后不要冷战。夫妻冷战对孩子造成的心理伤害会更大，因为在一个冷冰冰的家庭氛围中，孩子会更加惶恐，不知所措，变得焦虑和自卑。

其次，要告诉孩子父母仍然相爱。吵架之后，父母要鼓励孩子说出看到父母吵架后自己的想法和情绪，并坦诚地跟孩子解释和道歉，让孩子明白，父母仍然是相爱的，只不过是在某些事情上有不同意见，有一些问题需要解决。父母的解释能让孩子感到安心，孩子就会继续把能量用在学习和自己的成长上。

最后，要让孩子看到吵架后父母是如何建设性地解决冲突的。在遇到冲突时，父母要积极寻求良好的沟通方式，等双方都平静下来的时候，重新讨论并互相表达爱意。这个解决冲突的过程要让孩子看到，这样就能把危机转化为机会教育，向孩子示范解决冲突的建设性方式。

总之，父母吵架并不可怕，关键是吵架之后不要冷战，要告诉孩子父母仍然相爱，并让孩子看到吵架后父母建设性的冲突解决过程。

04. 夫妻"育儿观"不一致，分歧矛盾怎么化解？

之前有一位李女士来咨询，她和老公是大学同学，大学毕业后一起留在北京，做起了北漂，两个人结婚已经将近十二年了，有一个10岁的女儿，上小学四年级，各自的事业发展得都不错。在外人看来，这是一个让人羡慕的幸福的家庭，但是他们自己却过得很痛苦。为什么呢？主要就是在女儿的教育上，两个人经常闹矛盾，比如妈妈说女儿要参加课外辅导班，爸爸却不赞同等。

其实，在现实生活中，因为"育儿观"不一致，夫妻发生争吵的情况非常普遍。为什么会这样呢？

最核心的原因是夫妻关系出问题了，夫妻借孩子的事，在争夺亲密关系中的"权力"。通俗地说，就是这个家谁说了算，父母争夺在家中存在的位置，因此就会有很多的争斗。

所以，在因育儿观出现分歧而吵架之前，夫妻之间就积累了很多矛盾，平时为了避免吵架都忍着。但是，到了孩子的事情上，就不忍了，为什么呢？因为孩子是彼此的软肋，是最在乎的人，所以，很多夫妻在孩子的事情上，绝不忍让。因此，夫妻在育儿观发生冲突的时候，很容易就会在孩子的事情上大吵特吵，把那些平时压抑的情绪一起发泄出来。

上面的这些原因,其实很多人都能理解,但是,即使我们理解了也不一定就能做到改变,很重要的一个原因就是,我们没有看到"育儿观"不一致、经常吵架对家庭的负面影响,或者至少没有引起足够的重视。那么,负面影响有哪些呢?

第一就是对夫妻双方的伤害。由于育儿观不一致,经常吵架或者冷战,甚至导致婚姻破裂的情况,在生活中和新闻里都能看到。即使没有破裂,也会严重伤害两个人的感情,对个人生活和工作也会造成很大影响。比如,有些夫妻因为孩子教育的事情,吵得太厉害,就"反目成仇"了,在家里战火连天,生活得很痛苦;还有些夫妻不仅在家里吵架,到了单位也会和同事吵,就像一个炸药桶一样,一点就着,很容易情绪失控,无心工作,事业自然也受影响。

第二是对孩子的伤害。这也是最希望夫妻双方了解的,主要有三大类。

第一类,会造成孩子的行为混乱,性格容易出现两个极端。我们要知道,教育观念不一致,经常争吵,夫妻之间就容易唱反调,说一些相反的话、互相拆台的话,这个对孩子影响非常大。因为在这样的环境中,孩子会无法建立一个比较稳定的行为规范。比如爸爸说这样是对的,妈妈却说那样是对的,对孩子而言,他会很困惑,有一种混乱的感觉,"我到底要听谁的",要么谁的意见都不听,要么唯唯诺诺,谁的意见都听。

第二类,会养出钻空子、耍小聪明的孩子。在这样的家庭中,孩子会利用父母对自己的意见不一致去寻找有利于自己的一方,也就是说,谁护着自己,孩子就倾向谁。比如说,孩子想吃零食,妈妈不同意,而爸爸说:"多吃点又没事儿,就让他吃吧。"孩子得到了一方的支持，于是他吃零食的要求就更强烈，不达目的不罢休。最重要的是，孩子学会了钻家长的空子，这样长大的孩子就会耍心机，会耍些小聪明，欺骗父母或者其他人，用各种方式来钻漏洞，这对孩子的品格发展很不好。

第三类，影响孩子的心理健康和未来的婚恋关系。父母因为育儿观念分歧而吵架，会影响孩子的心理健康和未来的婚恋关系质量。尤其对于低龄的孩子来说，他们无法分辨究竟是什么原因引起了父母的不满与争执，就会简单、直接地把原因归结到自己身上，认为是自己不够好，才惹父母生气，这会使孩子缺乏安全感，感到自己不值得被爱。

特别是那些胆小、内向的孩子会因此惶恐不安。在以后的日子里，为了不使父母发生争吵，他常常会变得谨小慎微，长大后，在人际关系中，遇事容易退缩，害怕矛盾，没有主见，把问题都归到自己身上，总是看别人脸色行事。在婚恋关系中，也会因安全感不足而变得格外敏感。

育儿观不一致有如此大的杀伤力，所以夫妻之间在教育孩子的理念上应该要尽量一致。那么，如何做呢？

第一点建议是，调整思维模式，明确彼此的角色定位。夫妻在养育孩子的过程中就像战友一样，两个人是同盟，是互相支持、分工合作的关系。但是很多时候，尤其是管教孩子的具体事情上，夫妻容易陷入对错的争论中，因此很容易攻击和指责对方，两个人的关系就变得对立起来。

比如，有一次孩子洗澡哭闹，妈妈沟通了半天，没有明显的效果，这时候喊爸爸来帮忙，结果爸爸来了就给孩子两巴掌。妈妈就很生气，说：" 喊你过来帮忙，是让你跟孩子好好沟通，不是让你来打孩子的，你这样的教育方式不对。"爸爸就说："你的方式就对？说了半天有用吗？这孩子都是被你惯坏的，你让我管，我就用我的方式，他无理取闹，我给他两巴掌，他不是立马就消停了？"双方陷入对错的争论中，问题只会持续升级，最终没有办法和伴侣达成一致的。

所以，当育儿观念不一致的时候，夫妻二人要明白彼此之间是战友的关系，而不是敌对的关系，双方都是为了孩子好，只是观念不一样，出发点不一样而已。

第二点建议，在一些原则性的事情上，和伴侣达成共识。刚才讲到，育儿观念不一致的时候，可以做协调，那么怎么协调呢？就是在一些原则性的事情上达成共识，所谓原则性的事情，就是双方都非常在乎的，主要有两方面，一个是"下线"，一个是"上线"。

下线就是底线，也就是那些不能做的事情。比如，夫妻双方都一致同意，不能打孩子。

上线就是目标，也就是努力发展的方向。比如，要把孩子培养成为一个什么样的人，培养目标是什么。作为父母，培养孩子的终极目标不应该是把孩子送进名校，而是培养他在社会立足的能力，在未来他走出校门以后，能够充分运用自己的才智和能力，为社会贡献自己的一份力量，有能力创立自己的事业，经营好自己的生活。大方向有了共识，其他的就好商量了。

其他的非原则性的事情可以有一定弹性，不用管那么细致，也不必要求所有的事情双方都达成共识，因为那也是不可能的。在教育孩子的过程中，只要能保证孩子的安全健康，可以放权给伴侣，让对方用自己的方式来教育。

第三点建议，尊重差异，学会给伴侣空间。在教育孩子方面，可能有的家里爸爸比较严厉，或者有的家里妈妈比较严厉，或者是说爸爸在某件事情上特别地坚持，妈妈觉得无所谓，夫妻之间这种类似的差异一定是会存在的。想要建立一个完全一致的共识是不可能的，如果达不成共识怎么办呢？夫妻要学会尊重差异，学会给伴侣空间。

具体怎么做呢？

最重要的一点就是在孩子面前，要尊重伴侣。也就是当一方看到另一方在处理孩子的某件事情又不是那么满意他的做法时，不要在孩子面前打断或者否定他。比如，爸爸正在教育孩子，妈妈听见孩子的哭声，马上就出来干涉："你怎么能这样对孩子呢？"也就是说，夫妻要在伴侣教育孩子的时候，给他一个适当的权限和空间，而且要尊重他的空间。

当然，如果发现伴侣的行为已经突破了能容忍的底线，不得已需要介入的时候，也不要在孩子面前介入，而应在私底下沟通协商，尽量不要在孩子面前起冲突，要注意维护伴侣在孩子面前的威信和尊严。

要知道，虽然夫妻的教育理念与方法很难完全一致，但这并不妨碍双方都以自己的方式无条件地去爱孩子。如果双方能接纳并尊重彼此的不同，那么孩子也能从父母身上学会接纳与欣赏，这是夫妻双方给予孩子的一份珍贵礼物。

各位父母朋友可以思考一下，"为了避免和伴侣再次因为育儿观念争吵，你会做出什么样的改变？"并在生活中探索方法，相信你会有所改变。

05. 丈夫缺席情感生活,怎么沟通?

我曾经帮助过这样一对中年夫妻,丈夫是一位繁忙的成功人士,他的交际圈特别广,工作也特别忙,所以陪伴家人的时间很少。妻子也是一位优秀的职场人士,但也正因为优秀,在面对缺席的丈夫时,妻子不太愿意表达心里的渴望和需求。在和丈夫沟通的时候,妻子通常是这么说的:"你看你每天应酬,忙得都顾不上家里,女儿都有意见了,我是能够理解你工作忙,但是你有没有考虑过女儿的感受啊?女儿经常跟我抱怨为什么她的爸爸这么忙,都没时间陪她呢?"

你看,每次妻子想对老公表达自己的需求时,实际上是她作为妻子,想让老公早点回家,但却总是拿女儿说事儿,他们的女儿也很懂事地承担起了妈妈的那个角色,只要爸爸在外应酬,女儿就给爸爸打电话催他快点回家。

这位妻子就是卡在不敢正视自己的情感问题上,通过女儿来表达对老公的不满。但妻子这样委婉的表达给她带来的影响就是,他的老公根本不知道妻子对他的这种情感需要,甚至也不觉得妻子需要他。

遇到类似的情况,妻子可以怎样做呢?

首先,就是要正视自己对老公的这种情感需求,承认自己照顾家其实挺累的,特别是忙了一天之后,很需要老公的体贴和安慰。

其次，就是要学会用合适的方式表达自己的需求，而不是通过女儿等一些委婉的方式，可以尝试直接表达自己的感受和需求。比如，"老公，忙了一天，真的好累，好希望你能在家帮我分担点，女儿越来越大，我现在单独管教她感觉很吃力，如果你在家一起帮忙该多好。"当然如果对方是事业型的老公，也可以这样讲，"老公，女儿现在越来越大，你可不可以把管教女儿的优先等级提高那么一点点，有你的参与，这样我也会心安一些。"

最后，对老公的回应表达感谢。当老公有了回应，积极地参与到教育孩子等家庭事务中，妻子可以向他表达感谢，也就是夸他，比如，"老公，最近感觉到你愿意花时间在家里，感觉很在乎我们这个家，我很开心，谢谢你。"

需要注意的是，要讲究实事求是，也就是夸具体的事情，而不能空穴来风地夸，避免让对方感到不真诚。具体的话术可以根据两个人的关系调整，要知道真诚永远比话术重要，如果对方觉得你在套路他，那么肯定没效果。

06. 感情不会太差的伴侣什么样？

之前曾接待过一对40岁上下的夫妻，他们已经分居5年了，彼此的关系僵化了很多年。这位老公就是典型的不会表达脆弱感受的人。

在咨询室里，他对妻子说："我们的关系早就结束了，你不要再抱任何幻想了，请抓紧时间准备离婚的事情。"这些话让妻子非常受伤，当场就痛哭了起来。

这个老公为什么会说出这么绝情的话呢？后来咨询发现，在他们的关系中，这个老公曾深深地受过伤，每次吵架都是妻子在指责他，说老公是故意惹她生气的，嫌他笨啊，不懂浪漫啊，经常把老公怼得哑口无言。老公在妻子面前很没有尊严，也很委屈，但老公的这种感受太敏感、太脆弱，所以很难直接跟妻子讲，然后就用这种伤害妻子的方式来保护自己。

在咨询工作中，我也见过很多朋友，对他们而言，在亲密关系中表达脆弱是一件很困难的事情，特别是有些男人觉得表达脆弱是不被接纳的或者羞耻的。当然，这种羞耻感可能源于小时候和父母的互动，或者是在亲密关系中和恋人的互动。

有的人可能一辈子都不会跟爱人表达脆弱，但是，伴侣间的这种亲密感往往源于彼此能够表达脆弱的感受，因为在那一刻，夫妻才有相濡以沫、惺惺相惜的感觉，才能体验到属于彼此的独特的亲密感。

那么，如何在亲密关系中表达自己的脆弱呢？

首先，提前约定好沟通规则。比如，每两周可以有一次这样的沟通时间，在这样的聊天时间里，两个人不做破坏关系的事情，只做能支持对方的事情。

其次，寻找合适的沟通时机。可以找个对方心情好的时间，或者营造一个相对轻松的空间，比如，准备好对方喜欢的水果茶饮，然后再开启聊天。

然后，说感受。在表达的时候把"你"换成"我"，只表达自己的真实感受，以及感受背后的情感需求，而不是去指责抱怨对方，这样更能帮助伴侣理解自己。

父母朋友，快在生活中做出改变吧。

07. "我都是为了孩子"的捆绑式婚姻，如何提升幸福感？

最近，有朋友咨询说："我们结婚已经将近 20 年了，有一个孩子，但是俩人早就没有感情了，之所以还没离婚，就是因为孩子，我们夫妻俩也很明白，为了孩子不可能离婚，但是总觉得这样凑合的生活没意思，有没有一些方法能让这种生活好过点儿呢？"

其实，这样的困惑反映的是一部分中年人群体的婚姻现状——想过过不好，想离离不了。

这样的话题让我想到了前段时间上热搜的一个视频，视频中一对中年夫妻吵架的故事，获得了几十万的点赞，很多网友直呼太真实。

视频中的女主和男主都是博士毕业，有着体面的工作，算是门当户对的一对夫妻。但是，就是这样一对"强强联手"的夫妻，背后却尽是不为人知的心酸。

在一次看房子的过程中，夫妻二人因为换房子的事，当着中介的面，爆发了非常大的冲突，争吵的话题也由换房子的事转移到了之前的陈年旧账，男主指责女主太膨胀，换工作和换房子这种大事都不跟自己商量，自作主张；女主指责男主不顾家，对家的贡献还不如快递外卖，回到家也没话跟自己讲，但凡聊天，聊的都是生活琐事，"孩子吃饭怎样，妈妈血压高不高"等，而她关心的话题，比如情感上的沟通，老公却不关心。男主根本没办法理解女主的心思，认为"婚姻就是柴米油盐酱醋茶"，最后两人不欢而散。

在你的生活中，有没有遇到过类似的现象呢？两口子本来想好好说话，可一开口就是指责，最后不欢而散。慢慢地，婚姻就进入到了一种叫作无话的状态，双方虽同处一室，但是基本没什么话说，也不愿意交流，这样的现象也被称为"婚姻失语症"。

为什么会出现这样的现象呢？

表面的原因是两人观念不一样，但核心的原因是两个人应对矛盾的行为方式有问题。出现矛盾时，双方各持己见，互不相让，只顾着站在自己的立场上抱怨指责，看不到伴侣情绪背后的需求，都觉得对方不理解自己，最后就不愿意和对方沟通了。

夫妻之间不沟通给婚姻家庭带来的伤害就是，夫妻感情变淡，然后就想离婚，但是又担心离婚对孩子产生不好的影响，会让孩子自卑，让孩子感受不到爱等，因此很多夫妻为了孩子而凑合，最主要的原因就是想给孩子一个完整的家。但这样的行为，表面上看是为孩子好，其实对孩子的伤害也最大，因为孩子看到的是一个无爱的婚姻，可能会对婚姻失去信心，也可能会无意间模仿这个不健康的相处模式，影响孩子将来的婚姻生活。

我们知道，父母给孩子最好的礼物是和谐有爱的夫妻关系。因此，如果您是为了孩子而凑合的话，那么为了孩子，也要改善这样的相处模式。

有的朋友可能会说了："如果能改变早就改变了，还会等到现在？""我也想改变，但怎么改变呢？"下面给大家几点建议。

首先，要接纳对方，放弃改变才是改变的开始。

为什么这样说呢？一方面是因为改变对方的过程实在太痛苦了，或者太过于消耗自己了；另一方面，一旦伴侣感受到你要改造他，他就会防御起来，进一步加大改变的难度。很多时候，改变伴侣只会给你带来很累、很辛苦的感受。

所以，夫妻可以尝试着接纳对方，放弃改变。这里说的接纳，其实是一种甘心。比如，妻子开始承认，自己就是没办法让老公上进，开始接受并不是所有事情都能改变。当然这样的一种接纳，会给妻子带来很大的无力感，可能也会感觉比较消极，但这也是与自己和解的开始、与伴侣和解的开始。这样，内心才会有一些慈悲和温暖的力量出来，而不是继续指责伴侣，就能以一种积极理性的态度对待现实。既然现实就是这样，那就脚踏实地，在这个基础上做一些能增进感情的事情。当夫妻带着这样的状态和伴侣相处的时候，关系也会发生一些积极的变化。

其次，为了孩子，"好好凑合"，改变相处方式。

怎么叫好好凑合呢？其实就是要减少对伴侣的攻击，减少对自己的攻击。什么意思呢？现实生活中，很多夫妻虽然表面上会说"我已经无所谓了"，但很多时候，还会有意无意地说一些想离婚以及对方多么糟糕的话，比如"早都想离婚了""我真是受够了""这日子没法过了"，这样会陷入指责对方的痛苦中；还有一些中年朋友虽然表面不纠结了，但内心还是会纠结"我到底是离还是不离"这个问题，因此会陷入纠结的痛苦中，这样的状态肯定是会影响孩子的。

因此，夫妻要改变之前的相处方式，这样才有机会从这个僵局中解脱出来，让自己轻松。

具体怎样做呢？

首先就是要暂停，不要再纠结"离还是不离"这个问题，试着做这样一个想象练习：你的婚姻已经结束，你们已经离婚了，然后用离婚后的心态跟对方相处，当跟伴侣在一起的时候，你是一个离婚带着孩子的妈妈或者爸爸，他是一个跟你完全没关系的陌生人，他不是孩子的爸爸或妈妈，而且跟你没有任何的血缘和法律关系，但是，他（她）愿意把你的孩子当作自己的亲生孩子对待，那么当他（她）照顾孩子的时候，或者当他（她）照顾你爸妈的时候，想象一下，你会怎样对待他（她）？你会怎样和他（她）相处？

之前有一个夫妻关系特别糟糕的学员，做完这个练习后，是这样反馈的："其实我内心对他的情感挺复杂的，夹杂着恨和失望。但如果是这样的心态和他相处的话，我想我应该会感谢他吧。"我问："当你用这样的心态和他相处，内心感受有什么变化吗？"她说："我内心会轻松点，对他也没那么多恨了，好像还多了点儿感激。"我接着问："如果你觉得这陌生人还不错，你想和他试着谈个朋友，你会怎么做？"她脸上露出了笑容："哈哈，我好像知道该怎么做了。"

你看，心态改变了，我们似乎就有了更多的智慧，也拥有了更多的解决方法。

有的人做完上面的练习，就知道该怎样来调整自己，但有些夫妻之间的问题可能会更复杂，还是会陷入"离不了"的痛苦中，那么怎么办呢？

下一个建议就是，像"离婚"一样去生活，尝试探索"离婚"后的幸福。

我这样说，并不是真的让你和伴侣离婚，而是让你把关注点从对方身上转到自己身上。然后就可以利用这段时间去探索，看一下做什么事情能提升自己的幸福感。具体来说，就是去思考：如果离婚，你会尝试一个什么样的生活方式？你会把时间精力放在哪里？你会做什么事情让自己开心？

这其实是一个价值观的想象练习，如果你不是很清楚自己看重的价值方向，还可以尝试接下来的这个 80 岁价值观想象练习。这个练习很简单，但为了能更有收获，建议花 3~5 分钟，认真写下答案。

想象一下，你已经 80 岁了，回首往事，历历在目，请根据自己的感觉回答下面三个问题。

（1）我花费了太多时间去担心什么？

（2）我花费了太少时间去做什么？

（3）如果我能回到过去，我将会怎样？我将会做什么？我会怎样经营和他（她）的婚姻？

这个练习能帮助我们了解自己所重视的事情往往并不是日常投入时间精力最多的事情，而且两者之间常常南辕北辙，相去甚远。因此，当我们找到了答案，我们就有机会去把时间放在那些我们真正看重的事情上，把精力放在那些真正对我们有价值，对我们的幸福感有意义的事情上，这样才能提升我们的幸福感。

最后，回到现实，尝试 10 分钟婚姻经营法。

我们可以把上个练习中想到的那些事情付诸实践，看看在当前的情况下，怎么做才能对自己有最大的好处，对孩子有最大的好处。而这一次并不是为了关系而委屈自己，而是真的做对自己有利的事情。

之前有个调查显示，夫妻睡前10分钟决定了婚姻的质量。幸福指数高的婚姻中，夫妻基本都有一起睡前看电视、一起聊天等习惯。不管是聊了什么，重要的是那种随时可以聊天，每天都有话说的感觉和氛围。当夫妻不再吐槽观念不合等矛盾，而是把精力放在如何改善关系、如何经营婚姻上的时候，那么每天抽出至少10分钟就可以了。

具体怎么做呢？每天约定10分钟专门用于两个人聊天的时间，全身心地专注，其他什么都不做，聊什么呢？尝试多聊感受，而不是事件本身。如果聊天中遇到观念不同的问题，每人只说自己的需要和愿望，绝不评判或要求对方做什么，然后双方说出自己可以针对对方的需要和愿望做些什么。

这个改变可能真的没有那么容易，遇到问题，我们可能还是忍不住想指责，但有了这个意识，方向对了，慢慢地，你就能在关系中感受到一些微妙的变化。

最后建议大家每天花3~5分钟的时间，认真思考上文中的80岁价值观想象练习。

08. 父母离婚要不要告诉孩子？

前段时间，我接到一个妈妈的电话咨询，她说："我家孩子今年小学三年级了，我和他爸爸上周离婚了，我要不要告诉孩子我们离婚的事情啊？孩子现在经常问我，爸爸为什么总是不在家啊？他怎么出差这么久都不回来？爸爸是不是不爱我了？我真不知道该怎么办。"

这位妈妈非常焦虑，不知道离婚是否应该让孩子知道。我们的观点是，家长应该坦诚地告诉孩子离婚的事实，不要用欺骗的方式瞒着孩子，随着孩子一点点长大，他迟早会知道离婚这一事实的。善意的谎言带来的可能是不好的结果，孩子可能理解不了我们的善意，他需要父母确定的关注和爱。父母要做的首先就是真诚地告诉孩子离婚的事实，并和孩子共同面对。

那么，父母要怎么跟孩子说呢？

第一，父母保持一致。父母双方需要提前商量好，怎么向孩子解释离婚的原因，孩子以后的生活和抚养怎么安排等。此外，父母需要让孩子明白，离婚这个决定，是父母经过慎重考虑的结果，并不是孩子的原因导致离婚。

第二，不要在孩子面前指责埋怨对方。任何夫妻走到离婚这一步，一定经历过很多冲突，离婚时的关系很可能是不愉快的。但在孩子面前,父母不要当面指责对方,父母相互的不认可会让孩子左右为难,甚至怀疑自己,不认可自己。

第三,让孩子明白爸妈虽然离婚了,但对孩子的爱不会改变。如果孩子判给妈妈抚养,那么孩子可能会担心,爸爸是不是以后不爱我了。所以,父母需要非常确定地告诉孩子:"爸妈只是不在一起生活了,但爸爸妈妈对你的爱不会改变,我们永远是你的爸爸妈妈,会一直很爱你。"

所以,当父母决定离婚时,需要坦诚地告诉孩子,并且要注意三点:第一,父母双方保持一致。第二,不要在孩子面前指责对方。第三,让孩子知道,爸妈虽然离婚了,但对孩子的爱不会改变。

09. 如何巧妙地处理隔代教育?

最近一个妈妈向我抱怨,每次辅导儿子写作业时,她会要求儿子做完作业再玩儿,但姥姥经常在旁边拆台,不是让儿子休息,就是帮儿子找各种理由,给儿子端水、送吃的。虽然她多次和老人沟通,希望他们不要管孩子作业,但每次沟通都没用,最后不欢而散。

隔代教育的分歧似乎成了中国教育的一大特色。那么在生活中,父母应该怎么处理这类问题呢?

第一,首先要充分认可老人对小家庭的付出。当父母和老人发生分歧时，首先要充分认可老人对小家庭的付出，在情感上支持他们。

比如，可以先对老人这样说："爸妈，非常感谢你们能来帮我带孩子，让我有更多时间去工作。我也很幸福，每天都能吃到你们做的营养可口的饭菜。孩子写作业的问题，我的想法是这样的……"之后，我们再去表达自己的意见。

第二，在教育思想上达成统一意见。充分认可老人对家庭的付出后，他们会更愿意接受不同的意见。为了进一步统一想法，我们可以和老人商量怎么达成一致。

比如，可以对老人说："爸妈，最近我感到很困惑，对于孩子写作业的问题，我们想法不同。我们当着孩子的面各说各话，孩子也会感到矛盾，不知道怎么做才好。要不，我们一起抽时间学习科学的育儿方法，然后一起商量我们大人该怎么做，才能对孩子的成长最有利。你们觉得怎样？"这样做既没有否定老人的想法，也考虑了孩子的需求，最重要的是一起学习科学的育儿观念，更容易让老人和父母在教育上达成一致。

参 考 文 献

[1] 彭聃龄. 普通心理学 [M]. 4 版. 北京：北京师范大学出版社, 2012.

[2] 林崇德. 发展心理学 [M]. 2 版. 北京：人民教育出版社, 2000.

[3] 陈琦. 教育心理学 [M]. 北京：高等教育出版社, 2001.

[4] 迈尔斯. 社会心理学 [M]. 侯玉波，乐国安，张智勇，等译. 11 版. 北京：人民邮电出版社, 2016.

[5] 斯坦伯格. 青少年心理学 [M]. 梁君英，董策，王宇，译. 北京：机械工业出版社, 2018.

[6] 皮亚杰. 皮亚杰教育论著选 [M]. 卢溶，选译. 北京：人民教育出版社, 2010.

[7] 苏霍姆林斯基. 给教师的建议 [M]. 杜殿坤，编译. 北京：教育科学出版社, 2005.

[8] 边玉芳. 读懂孩子：心理学家实用教子宝典 (6~12 岁)[M]. 北京：北京师范大学出版社, 2014.

[9] 边玉芳. 读懂孩子：心理学家实用教子宝典 (12~18 岁)[M]. 北京：北京师范大学出版社, 2014.

[10] 边玉芳. 让孩子爱上学习 [M]. 江西：江西教育出版社, 2018.

[11] 戈登. P.E.T. 父母效能训练：让亲子沟通如此高效而简单 [M]. 琼林，译. 北京：中国发展出版社, 2015.

[12] 布鲁克斯. 为人父母 [M]. 张璇，译. 北京：机械工业出版社, 2015.

[13] 塞利格曼，教出乐观的孩子 [M]. 洪莉，译. 辽宁：万卷出版公司, 2010.

[14] 尼尔森. 正面管教 [M]. 玉冰，译. 北京：京华出版社, 2008.

[15] 尼尔森，洛特. 十几岁孩子的正面管教 [M]. 尹莉莉，译. 北京：北京

联合出版公司，2014.

[16] 希斯赞特米哈伊. 创造力：心流与创新心理学 [M]. 黄钰苹，译. 杭州：浙江人民出版社，2015.

[17] 埃利斯. 理性情绪 [M]. 李巍，张丽，译. 北京：机械工业出版社，2019.

[18] 米尔. 不愤怒的父母 [M]. 师冬平，译. 北京：机械工业出版社，2019.

[19] 关承华. 别和青春期的孩子较劲 [M]. 北京：中国青年出版社，2016.

[20] 克拉克. 罗恩老师的奇迹教育 [M]. 李文英，等译. 北京：中信出版社，2015.

[21] 麦戈尼格尔. 游戏改变世界 [M]. 闾佳，编译. 北京：北京联合出版公司，2016.

[22] 瑞迪，哈格曼. 运动改造大脑 [M]. 浦溶，编译. 杭州：浙江人民出版社，2013.

[23] 约翰逊. 依恋与亲密关系：伴侣沟通的七种 EFT 对话 [M]. 黄志坚，编译. 北京：人民邮电出版社，2018.

[24] 米勒. 亲密关系 [M]. 王伟平，编译. 北京，人民邮电出版社，2015.